JN063426

地域再生最前線

- 食・農・団地再生・教育から進める地域の創り直し -

社会基盤技術評価支援機構・中部 編

理工図書

まえがき

　社会基盤技術評価支援機構・中部の設立目的に記されていますように，当社団法人はインフラ整備事業の計画及び実施に伴って発生する諸問題を第三者機関として評価しかつ必要な場合には支援することを目的として，大学人が発足させた組織です．最初の理事長は名古屋工業大学学長でおられた吉田弥智先生ですが，その当初から，その活動の一環として，本書の内容となる社会インフラ整備の諸課題について，識者の発言の機会を用意してきました．

　我が国のインフラ整備問題については，過去平成・令和に渡って執行予算が緊縮状態で令和5年の国の公共事業費（インフラ整備費）は平成当初の半分以下の6兆円程度となっており，国の経済成長もこの30年殆ど0％という状態です．いわゆる，国民総生（GDP）は，米国と肩を並べていた平成初頭に比較して，今やその米国の1/5まで下がり中国に抜かれ，人口が日本の2/3のドイツに既に抜かれてしまいました．

　このような国の経済状態が，人口減少と相まって地方自治体の経済に多大な影響を与えることは自明のことで，地方も枯渇し疲弊してきているのは明らかです．

　当機構としても，地域創生課題については，過去10年のスパンに渡って愛知県の奥三河山間地域にある高校の再生問題に特化して，その対策について検討してきました．地方の活性化のためには，大きくは先に述べた国の経済政策から論じ始めるべきでしょうが，地方・地域の活性化課題は多様性に富む課題ですので，その観点からの論考も必要と考え，令和3年，4年と地域活性化に関する機構主催のシンポジウムを開催しました．

　本書は，それらのシンポジウム講演記録をもとに各識者が更に内容を吟味加筆したものを取りまとめております．識者の先生方は，実に，平成・令和の二宮尊徳とも儀せられる方々で，本書にまとめられた内容は，地域おこし・共同体起こしを考える皆様にとっては大きなヒントを与えるのではないかと思案致

します.

　国の経済はすなわち地方の経済でもあり，主権を発揮する国の政策こそ地方
経済活性化の要と考えますが，是非本書の内容と国のインフラ整備の課題とを
関連付けて本書を読んで頂きたいと念願しております.

最後に，本書出版に当たりご協力いただいた７名の執筆者の方々，快く出版を
引き受けていただいた出版元の理工図書株式会社に厚く御礼申し上げます.

　　　一般社団公人　社会基盤技術評価支援機構・中部　代表理事　田辺忠顕

序論

1. 地域再生の必要性

　日本の総人口は2008年に1億2,808万人でピークを迎え，その後は減少の一途を辿っている．地方部ではさらに早くから，人口減少が進んでいる．特に，中山間地等では，「限界集落」と呼ばれる今後，消滅の危機があると予想される集落が2019年時点で，全国で約3200集落存在する[1]．我が国では，1960年代の高度経済成長期から，「東京一極集中の是正」，「国土の均衡ある発展」は，全国総合開発計画等の目標として掲げられてきた．しかし，人口が急激に増加していた時代の東京一極集中の是正と総人口が減少している現在とでは，解決すべき問題の構造が異なっている．

　現在，我が国がおかれている状況を1945年からの戦後の歴史を辿りながら考えてみたい．我が国の戦後の歴史は，終戦直後に誕生したいわゆる「団塊の世代」の歩みとともに，歴史を眺めると説明がつきやすい．1960年代の高度経済成長期，集団就職等で地方から東京へ大量に人口流入が起こった．1970年頃から，大都市近郊を中心に，多くの団地が建設された．その背景には，団塊の世代が独立し，新たな世帯を構えたことによる大量の住宅需要が発生したことが主な要因である．同時に，その頃から，小中学校の建設も増加した．文部科学統計要覧（令和5年版）[2]によれば，小学校数のピークは，1985年頃であり，児童数のピークは1981年となっている．また，中学校数は，1990年がピークとなっている．1980年代前半に小学生だった世代は，団塊世代の子供世代，いわゆる「団塊ジュニア世代」と呼ばれる世代である．彼らが小学生であった頃が，小学校数もピークであった．

　それから約40年の月日が経過した現在（2024年時点），団塊ジュニア世代もアラフィフになり，団塊の世代は，その多くが後期高齢者となっている．1970年前後に大量に建設された住宅団地や小中学校の施設も建設から約50年が経過しており，建て替えや統廃合が必要となっている．また，施設だけではなく，

同時期に道路や上下水道等のインフラストラクチャーも大量に建設され，更新や修繕が必要となっている．今後は，人口減少を見据えながら，何を廃止し，何を更新していくのかを選択していくことが迫られる．特に，地方部では，大都市圏に比べ，人口減少の速度が速く，また，自治体の財政も逼迫していること等から，地域の活性化，再生への危機感は強い．

このような状況に対し，国は，2005年に地域再生法を作り，「就業の機会の創出」「経済基盤の強化」「生活環境の整備」の3本の柱の下，地域再生を支援している．地域再生法は，各府省横断的・総合的な施策を乗せる共通プラットフォームとして機能しており，以降，8度の改正（平成19,20,24,26,27,28,30,令和元年）により，支援措置メニューを拡充してきている．2014年の改正で導入された生活・福祉サービスを一定のエリア内に集め，周辺集落と交通ネットワーク等で結ぶ「小さな拠点」の導入や2019年に創設された「地域住宅団地再生事業」もその一環である．

一方，各地域では，それぞれの団体，個人が地域再生に向けた様々な活動を行っている．それらの活動は，個々では小さな活動かもしれないが，力強く実に個性的な活動が各地でなされている．人口増加が急速に進んだ昭和の時代は，短期間に量的拡大が求められていたこともあり，国主導のトップダウンの施策が地域の発展を後押しした．しかし，現在は，国の支援メニューは用意されているものの，どちらかといえば，それは下支え的な役割であり，地域再生の主役は，各地で活動する草の根の取組みである．本書では，そのような各地で活動する地域再生の取組みに対し，「食・農」，「団地」，「教育」の視点から焦点を当てる．

2．本書の構成

社会基盤技術評価支援機構・中部では，これまでに14回のセミナー（第11回までは「PIセミナー」，第12回以降は「CRIIESセミナー」に改名）を実施してきており，これらのセミナーの成果を3冊の書籍[3),4),5)]にまとめ，出版してきている．本書は，第13回CRIIESセミナー「人口減少が進む過疎地域の

再生」－町の個性がまちおこしにつながる－」と第14回CRIIESセミナー「住宅団地の再生 ── 団地から考える新たな国土の創り直し ──」の講演内容をまとめたものである．第１章と２章は，第13回のセミナーの内容，第３章から第７章までは，第14回セミナーの内容をもとに，それぞれ構成されている．また，社会基盤技術評価支援機構・中部では，中嶋清実理事が中心となり，2015年から「地方創生問題調査委員会」を創設し，奥三河地域の再生支援等に取り組んできた．第８章と第９章では，地方創生問題調査委員会の活動内容を中心に紹介する．

３．食・農から進める地域再生

　本書の第１部は，「食・農から進める地域再生」として，木村俊昭氏，金丸弘美氏の講演内容を掲載する．農業就業人口は減少の一途を辿っている．1960年には1454万人であった農業就業人口は，2020年は152万人と，60年で約10分の１に減少している[6]．一方，農地面積[7]は，1961年の608.6（万ha）をピークに，2020年には，434.9（万ha）と減少しているものの，ピーク時の約70％にとどまっている．しかし，耕作放棄地は，2015年に42.3（万ha）存在することから，農業の担い手不足の問題が浮き彫りになっている．

　第１章では，木村俊昭氏による，「地域創生・SDGsの本質－「五感六育®＋α」の実践─」と題した講演内容を掲載する．木村氏は，かつて，小樽市の市役所職員をされていた豊富な実戦経験に基づいた地域創生，地域再生のエッセンスについて講演された．木村氏は，各地で取り組まれているボトムアップの小さな取組みは，とかく個別の最適になりがちだと指摘する．個別最適化だけではなく，地域の全体最適をどう実現するか，さらには，同じ日本の中で地域同士がつながって，お互いに弱い部分を高め合っていくことが大事だと主張する．また，木村氏は，「五感六育＋α」というキーワードを提案している．曰く，「食べる，観る，体験，聴く，香り」という五感で体験，分析をし，「知育＝知性を養う，木育＝自然の温もり，食育＝５味体験，遊育＝考える力，健育＝健康を保つ力，職育＝共に働く」のバランスを考えていく．さらに，その地域にあ

る「プラスα」，すわなち「希少性」を発掘することが重要であると提案する．

　第2章では，金丸弘美氏により，中山間地における「農」や「食」を中心とした多くの地域再生事例が紹介されている．金丸氏は，イタリアを訪問し，現地のスローフードの取組みに感銘を受け，それをきっかけに，全国の現場を回ることが始まったそうである．

　高知県安芸郡馬路村の事例では，地元名物であるユズを生かした村おこしの取組みが紹介されている．長崎県大村市の事例では，「おおむら夢ファーム・シュシュ」というジェラート工房，農家民泊等の取組みが紹介されている．いずれも地元の特性を生かしながら，試行錯誤を重ね，成功を収めており，読者にとっても非常に参考になる事例ばかりである．なお，木村俊昭氏，金丸弘美氏の活動については，本書に加え，参考文献に示した著書[8], [9], [10] も参照していただきたい．

4．団地再生から進める地域再生

　第2部は，「団地再生」に焦点を当てる．「1．地域再生の必要性」で述べたように，我が国では，1970年前後に，特に大都市の外延部で数多くの住宅団地っが開発された．それらの住宅団地では，開発から約50年が経過し，人口減少，少子高齢化，商業施設の撤退，交通利便性の低下，小中学校の統廃合等，共通の問題を抱えている．これらの問題に対し，全国各地の住宅団地では，住民自らで，また，地元の自治体や大学等と連携しながら，再生に取り組んでいる．第2部の第3章から第7章では，4名の方々から，全国で取り組まれている団地再生事例等について，ご紹介いただく．

　第3章の長谷川洋氏の講演では，団地再生の必要性について語られている．全国にある約3000団地のうち，約半数が開発から30年以上が経過し，建物の老朽化に伴う建て替えの必要性の他，高齢化，少子化の進展，商店の衰退等，多くの問題が生じてきている．このような現状に対し，国土交通省住宅局は，2022年3月に「住宅団地再生の手引き」[11] を公表し，全国の団地再生の手助けとなる指針を示している．長谷川氏の所属する国土技術政策総合研究所におい

ても，全国の団地再生に関する情報収集や分析を行い，団地再生の進め方やモビリティ向上方策の検討等を行っており，それらの成果をご紹介いただく．

第4章では，石川良文氏から，愛知県瀬戸市の菱野団地の再生の取組みが紹介されている．菱野団地は，団塊の世代等による大量の住宅需要が発生していた1970年頃，瀬戸市南部の丘陵地に愛知県住宅供給公社によって開発された．黒川紀章氏が設計した団地としても知られている．2017年頃から団地再生の機運が高まり，様々な取組みが始まる．2017年に住民バスの社会実験が始まり，2019年には，菱野団地再生計画が策定された．現在，「未来の菱野団地をみんなでつくる会」という，住民で組織するエリアマネジメント団体が中心となり，石川氏が所属する南山大学や愛知工業大学，名城大学等の近隣大学と地元住民，瀬戸市役所が連携し，団地再生に向けた様々な取組みが進行している．

第5章では，室田昌子氏から，千葉県の「希美の森」という住宅団地を中心に，首都圏郊外住宅地における地域再生の取組みについて，講演していただいた．

希美の森は，1993年に販売開始された比較的新しい住宅団地である．ゴルフ場に隣接し，緑豊かな良好な住環境であるが，最寄り駅のJR外房線大網駅から，約5km，東京駅から約50kmという立地から，交通利便性は決して恵まれているわけではない．立地条件の観点などから，団地住民に危機意識があり，団地活性化に関する取組みがなされている．

第6章では，内田忠治氏から，福岡県宗像市の日の里団地の再生の取組みを中心にご紹介いただいた．日の里団地は，1966年から1970年にかけて造成され，開発から約50年が経過した住宅団地である．近年，居住人口の減少，高齢化，住宅の老朽化，空き家の増加等が顕著になってきており，2020年頃から，団地再生プロジェクトが開始されている．このプロジェクトは，コミュニティー拠点と緑豊かな居住空間を組み合わせたハイブリッド型団地再生である「宗像・日の里モデル」と名付けられた．その一環として，「さとづくり48」と名付けられた既存の住棟をリノベーションし，地域の人が集まれるコミュニティーカフェやDIY工房，保育室のほか，クラフトビールを醸造・販売，飲食もできるブリュワリーなどが入る計画となっている．

第7章では，団地再生をテーマとして行った第14回CRIIESセミナーのディスカッションの内容を掲載している．

5. 教育から進める地域再生

　前述のように，第8章と第9章は，社会基盤技術評価支援機構・中部の「地方創生問題調査委員会」の活動内容を中心に紹介する．特に，同委員会では，人口減少や若者の流出が進む愛知県の奥三河地域の地域再生支援に取り組んできた．奥三河地域の再生支援に先立ち，2017年2月13日，14日に中嶋清実理事が島根県隠岐島を訪ねて調査視察を行った．島根県立隠岐島前高校は，かつては，入学者が激減し，廃校の危機にあったが，その後，見事によみがえった高校として知られている．第8章では，隠岐島前高校がいかにして再生を遂げたのかについて，説明する．

　一方，近年人口減少が激しく，高齢化率も非常に高い奥三河山間地域には，この地区唯一の高校である愛知県立田口高校がある．田口高校も入学者が年々減少し，定員を大きく下回っており，存続が危ぶまれている．高校が無くなれば，町の衰退は加速し，若者の流出に拍車をかけることが予想される．隠岐島前高校の事例調査を踏まえ，本機構の地方創生問題調査委員会では，2019年に田口高校を3回，設楽町役場1回，愛知県高等教育課を1回訪問し，情報収集に努めてきた．第9章では，これらの情報をもとに，田口高校の再生と奥三河地域の再生を例題として，我が国の地域過疎化問題解決の方向を独自の視点から検討する．

6. おわりに

　過去のセミナーの内容や出版物については，社会基盤技術評価支援機構・中部のホームページ（http://criies.jp/）[12]をご覧いただきたい．最後に，本書が現在，各地域で地域再生に取り組んでおられる方々，これから地域再生に関わっていきたいと志されている方々の一助となれば幸いである．

参考文献

1）総務省 地域力創造グループ 過疎対策室：過疎地域等における集落の状況に関する現況把握調査報告書，2020（https://www.soumu.go.jp/main_content/000678497.pdf）

2）文部科学省：文部科学統計要覧（令和5年版），2023
（https://www.mext.go.jp/b_menu/toukei/002/002b/1417059_00008.htm）

3）社会基盤技術評価支援機構・中部編：公共事業における意思決定のプロセスと第三者機関の役割，理工図書，2008

4）社会基盤技術評価支援機構・中部編：公共事業の思想 〜文化創造としての公共事業とその最前線，理工図書，2012

5）社会基盤技術評価支援機構・中部編：i-Construction 最前線 −情報通信技術が変える建設産業の将来，理工図書，2019

6）農林水産省：農林業センサス 年齢別農業就業人口，2020
（https://www.e-stat.go.jp/stat-search/file-download?statInfId=000040038988&fileKind=0）

7）農林水産省：荒廃農地の現状と対策，2023
（https://www.maff.go.jp/j/nousin/tikei/houkiti/attach/pdf/index-25.pdf）

8）木村俊昭：決定版 地域再生の本質−イノベーションの軌跡−，ぱるす出版，2020

9）木村俊昭：地域創生 成功の方程式 —できる化・見える化・しくみ化，ぎょうせい，2016

10）金丸弘美：実践！田舎力 小さくても経済が回る5つの方法，NHK出版新書，2013

11）国土交通省住宅局：住宅団地再生の手引き，2022
（https://www.mlit.go.jp/jutakukentiku/house/content/001485935.pdf）

12）社会基盤技術評価支援機構・中部HP（http://criies.jp/）

序論

鈴木　温

社会基盤技術評価支援機構・中部　理事

名城大学理工学部社会基盤デザイン工学科　教授

目　次

第1章
地域創成・SDGsの本質－『五感六育®＋α』の実践－

木村　俊昭

（北海道文教大学特別学長補佐・教授　日本地域創生学会会長　地域創生実践総合研究所所長）

　役場は役に立つ場所，市役所とは市民に役に立つ所ですから，本当に自分自身が少しでもお役に立ちたいとの思いで，大学へ行くことにしました．大学に行ったときの理由は，大学4年間のうちにしっかりと弟子入りして，いわゆる「実学」教育をしている先生のもとで，地域とは何ぞや，または地域を活性化するというのはどういうことだろう，都市計画を含めて都市政策とは何かというのを理論だけではなくて，具体的に地域に入ってそこの人の声をよく聞いて一緒になって創り上げていく，いわゆる「共創」，ともに創り上げていく，そんな先生に弟子入りしたいと思いまして，高校生時に手紙を書いて，その先生のもとへ高校卒業と同時に行くわけです．

　いわゆる地域が疲弊していくような状況がなぜ起きているのだろうと，大学に入るときに立てた仮説が，1つ目は産業・歴史・文化を徹底的に掘り起こして研きをかけ，世界に向けて発信するような，きらりと光るまちづくりを，ひょっとしたら一体感を持って目指していないのではないかというもの．2つ目は，そのことに子供たちが一緒になって関わり，その地域に愛着を持つ，愛着心を持っていただくような取組みがなされていないのではないか．この2つの仮説を立て，大学1年生のときから先生に弟子入りして一緒に地域を，または海外を回っていたわけです．

　どうもそれだけではなさそうだというが大学4年間で分かりました．それは何かというと，商店街は商店街，温泉街は温泉街，農村地域は農村地域，集落

1

は集落と，部分個別に動いている．それはそれでいいけれども，つながりがなかなかないようで，いわゆる部分個別の最適化が進んでいて，全体をつないで町全体の最も良い状況，全体の最適化に向かっていないのではないかということ．この3つの仮説をある程度立証し，自分の生まれ育った町の役場に入ろうと思ったら，採用はしないと言われました．いわゆる大卒は要らないとのことでした．高卒で受験しますと言ったら，高卒は1人で新卒者が欲しいと，大学へ行ったから年を取り過ぎていると言われました．そこで，子供の頃からよく遊びに行っていた小樽市を目指して，そこに入れていただきました．そこでこの3つの仮説を実践していきました．

　その中で学んだのが，「五感」を働かせて地域のことを考えてみる，見つめてみる．例えば食べるものだったらどうか，見る所はどこか，触れて体験できる所はどんなことか，地球も温暖化になってどういう体験を今後は展開できるのか，ということでの取組みをしっかりと考えていく必要性がある．しかも，それは一生懸命に民間が主導してやっていくだけではなくて，行政だけが一生懸命に頑張るというのではなくて，役割分担をしてより立体的なストーリー化をして脚本を書き，それを実行に移していくということが大事になるわけです．もう1つは，それぞれが結合し合っていますから，一部だけを変えようとしてもなかなかうまくいかないということです．

　ここではそのようなところを少しずつ話していきたいと思っています．そして，本日聴いて，ぜひ実践していただきたい．私は，セミナーとかで講演することは少ないんです．といいますのは，聴いていただいた方が実践行動に移ってくれなければ，お互いに気持ちが折れてしまいます．今日聴いた中でぜひ1つでも，これなら自分はできるなとか，自分たちのまちはこういうのをやってきたので，あとは少しこうすればもっとよく実践行動できるなというところに発展していただければと思っています．

1.1　地域創成・SDGsと五感六育®＋α

　その中で，１番目は人間関係づくりとコミュニケーションです．新型コロナ前の2019年までは，ASEANの国務大臣や官僚の皆さんが日本へ来たときに講演を依頼されたり，または意見交換を依頼されたりしていました．その中で協力して欲しい内容として，次の３つを挙げられていました．その１つ目が，日本とは違ってこれから人口が増えていく中での食糧問題をどうするか，いわゆる安心・安全な食糧の確保です．２つ目が，国と地方の仕組みをもう一度考え直したい，日本から学びたいということでした．３つ目が，人間関係づくりとコミュニケーションです．組織もチームも最後は人ですから，その人をどのように活かすか，どのように育むかといったところで，この人間関係づくりとコミュニケーションについては，ぜひ英語版の本を出してほしい，また講演に来てほしいと言われていました．自己分析，自己理解して終わることなく，他者理解して，相互理解，相互共感へ持っていく．いわゆる組織理解をしていくといったことが重要だと考えているのは各国変わらないわけです．

　２番目は「地域創成・SDGs」の中で人財養成するにはどういう視点が必要だろうということです．実学・現場重視の視点や部分・個別をつないでいく，いわゆる全体最適化していく考え方，思考が大事だということと，民間でできることは民間にやっていただく役割分担をしましょうということが大事だと考えています．

　また，３番目としてどんなことを進めてきたかといいますと，リーダー・プロデューサー人財塾を開塾したり，または，後でも少し話しますが，「五感六育®＋α」をストーリー化して一緒になって映画をつくる「映画のワークショップ」を行ったりしています．また，仕事がかなり多忙であるということをよく聞くのですが，その仕事の整理，仕事環境を改善するお手伝いしたりしてきました．「五感六育®＋α」は私の持論ですが，「知育・木育・食育・遊育・健育・職育」を掲げて，そのバランスを考えましょうというものです．「五感六育®＋α」とは五臓六腑には他に大切な臓器があります．「五臓六腑＋α」

なわけです．よって「五感六育」においても，そのまち，その地域には「＋α」のものがあるわけです．よって「五感六育®＋α」としているものです．やはり何事もタイミングが大事で，スピード感を持って，パワー，バランス，ひと，ネットワークの中でのバランスが自分の町はどうだろうかを考えていきましょうというものです．そこで大切なのは，人間関係づくりとコミュニケーションだけではなく，高校や大学・大学院で教えていないことが多々あるんです．これを全部説明すると時間が足りなくなるので，主なものを言いますと，例えば自分史に基づく履歴書の書き方は教えないです．履歴書の書き方というのはどういうことかというと，エントリーシートとか，自分の顔写真を貼って，何々高校とか何々大学卒業見込みとかを書くのが履歴書だろうと思われるでしょう．人間関係づくりとコミュニケーションから考えますと，小学校時代に強みと弱みがあったとすれば，あなたはどのようにそれを解決してきましたかが重要となります．小学校のときにはこういうことを熱心にやったのだけれども，どうもこの部分を積み残してしまったので，中学時代には何とかここを取り組んだ．あれもこれもというというわけにいきませんので，その中で自分なりの重要性と緊急性で考えたときに，これだけは中学生のうちに，これだけは高校生のうちにとか，高校生まではこういうところがなかなか進められなかったけれども，大学生になったらしましょうと実践していくことです．

　私の場合，小学生のときはあがり症でした．これを何とか改善することを最優先にしたのですが，自分が発言する機会を自らつくらなければということで，小学校1年生から5年生と学級委員長をやっていって，小学校5年生になるぐらいにやっと，あがることがなくなりました．中学に入りますと，今度は数にあがるということに気づきまして，これは何とかしなきゃいけないということで，生徒会役員に立候補するわけです．生徒会副会長からスタートしました．高校も生徒会長をしましたけれども，ここで何とか少しずつ解決していきました．大学に入ってからは，自分のプレゼンテーション能力の低さに愕然としました．人前で10分間でプレゼンするということに対して全く疎い．これは駄目だということで，大学時代は自分の思いをしっかりと伝えられるような訓練，

練習をしました.

　というように,自分自身にどういう強み,弱みがあるか,しっかりと自分で考えてみることが大事なのです.また,企画立案の仕方というのも,その講座を受けない限りは教えないわけです.高校を卒業して就職したとき,企画立案してくださいと言われたら,どうしたらいいのでしょうか.図書館へ行くか,本屋さんへ行って企画の本を買ってきて勉強しなきゃとなるのですが,これはなかなか大変でして,私は特に木村ゼミとかで確実にこの内容を教えています.その中で,どうも時間にルーズな方が多いということにびっくりすることがあります.私は10分前には目的の場所,目的地に必ずいるようにしています.講演の依頼を受けたときも,少なくとも30分以上前には会場へ行っています.ぎりぎりに入ることはまずないわけです.

　もう1つ,理念,目的・目標・使命を明確にするということです.SDGs をやっていく上でも,ものさしが大事となります.先ほど,順番という話をしましたが,地域創成・SDGs を実践していく中でも,順番を間違っている方々がいるわけです.今朝テレビを見ていたときも,随分順番が違うことをされている町があるのだなと実感しました.重要性と緊急性による順番の考え方をもう一回見直してみましょう.本来,地場産業があって,その地域内でどういう産業が根づいてきたのか.産業・歴史・文化を徹底的に掘り起こし,研きをかけ,世界に向けて発信できるような,きらりと光るまちづくりをすることが大事じゃないでしょうか.その地場産業は,今どんな業種が多くのひとを雇い,給料を払い,税金を納めているのでしょう.これはいわゆる「付加価値額」のランキングですけれども,どういう業種がその町の中では以前と違って現在はどういう状況になっているのだろうということを的確に把握することが大切です.地域経済分析システム(RESAS)において,それを把握しようとするのはもちろん大事ですけれども,あれは3年前とか5年前の数字です.産業連関表も5年前とかの数字で行いますから,やはり何としても「現場」を見て,「現場」の声を聞かなければいけないわけです.地場産業がどういうものだろうということをまず確認する.それに伴って起業するわけで,何でもいいから自分の町

で業を起こしてほしいと考える町というのは，ストーリー性に非常に欠けていて問題です．乱立していくし，無用な争いが出てます．地場産業が栄えるためには，地場産業に関連する形で，できれば地元の方々に起業していただくことです．それが難しいのであれば，どなたかに来ていただいて業を起こすことです．

　次に，それでもなかなかうまくいかない，どうも産業クラスターが形成されないということであれば，企業誘致をかけるわけです．これを逆から行っている町があります．地場産業は関係ない，企業を誘致してくればいいんだという考え方で進んでいるのはどうも違うのではないでしょうか．特にそれを行政が主導しているとすれば，いわゆる税金を使って人財を使って，なおかつ順番を逆からスタートしているということになります．

　また，今日の朝のテレビで，移住政策を打っている県などが出ていました．定住者がどんどんどんどん流出するから移住者を入れるのだと言ってました．もし仮にそういう考えで移住・定住政策ということを打っているのだとすれば，これはまた逆転していまして，定住している方々がどのように快適に過ごしていただくかを最優先にして，そこから紐解いて，実際に移住してくる方々にどういうサービスを提供できるか．定住者あっての移住者であるというところを徹底的に意識づけないとどうも違うのではないでしょうか．しっかりと定住している方々の意向も聞きながら，どういう快適な生活をしていただくかというのを見て，あそこに定住している方々は本当に笑顔で，試しでも住んでみたいよねと言えるのが移住政策であると感じています．いわゆる「定住・移住政策」でなければなりません．

　また，これはいいに決まっているということで，先に決めてしまってから広く広聴するというのもまた順番が違います．先に決めるのではなくて，こういうことをしたいのだけれどもどうでしょうかと「広聴，傾聴，対話」をすることです．何らかの政策なりを行うことに対して全員が賛成するということはないにしても，やはり順番が大切です．例えばある町では，地元の地場産業振興だということで，乾杯条例を議決しました．最初の1杯目のお酒は日本酒にし

6

ましょう．これはまちのためにいいに決まっているということで，いきなり条例を議決してしまいました．そこで「何か問題はありますか？」みたいに広報していくのでは，順番が全く違いまして，これは広がらないですよね．最初に何を飲んだっていいわけです．本来どういう理念，目的・目標で進めていくべきなのかということが，どうも違う話になってしまっているということを言わざるを得ないわけです．やはりまずはそこに住み暮らす皆さんの声をよく聴くということが大切です．誰もが全て賛成する，反対するということはないにしても，順番を大切にしましょうというのがここで言いたいことです．

　農林水産業の方々にお会いすることも多いのですが，その中で一番聞くことですが，新規就農で来る方々にはビニールハウスを建てましょうか，1ヶ月の給与はこのくらい出しましょうかということです．実際に自分が両親の跡を継ぐ，祖父母からの土地を継いで農業や水産業をすると言ったときは，特に支援はないわけです．補助金が欲しいとか何らかしてほしいということではなく，どうも順番が違うんじゃないかと思うわけです．土地や環境をしっかりと守り，そこに住み暮らす人たちとともに生きてきた人たちがなぜ当たり前のように言われるのだろうということに，悲しい思いをしていると聞きます．私は，ここもまた順番が違うのではないかと思っています．

　2つ目が，視点が違うのではないかということです．ひとは今までの経験や体験したことをもとに判断してしまうものですから，固定観念を持っていて，そんなのやったって無駄だとか，そんなのやったってうまくいくはずないじゃないとかいうところから入ってしまうものです．視点をちょっと変えてみることが大切です．今まではこういう経験をしたけれども，こうすればきっともっとよくなるのではないかということをお互いに考えてみることが重要となります．

　3つ目は，目標，ゴールをしっかり決めることが大事だということです．私は，「人生の棚卸し」ということを進めています．これまでワールドカフェを行った方もいるかもしれません．ワールドカフェとは，例えば7人くらいで1グループになり，自己分析，自己理解して相互理解へ持っていきましょうというとき，

自分自身でもわからない部分があるわけです．他の方から私を見たらどうみえるのでしょうかということで，2 〜 3 人のグループワークを行い，お互いに気づいたこととかを話し合っていく「人生の棚卸し」が大事ではないかということです．関心のある方は，詳しくは『人間関係づくりとコミュニケーション』を読んでみていただければと思います．

　先ほど，ひとが大事だという話をしましたが，最初に私が行政に就職したときに驚いたことがありました．その 1 つ目は，どのようにひとを育むのか．ひとは使うものではなくて「育む」ものですから，どのように「育む」のかというのが先行研究にしっかりとあります．また，その組織でどのようにリーダーシップを発揮するべきなのかも先行研究にあります．例えば，そのとき私は行政に入ったばかりでした．同じ係に 3 〜 4 年勤務の方，また10年ぐらいの勤務で係長になってもいいのではないかという実力を持っている方とかがいました．係長が全員にこういうことをやりましょうと言うのですが，それを係員の経験年数に応じて細やかに説明するということがなかったのです．知らないのだなと思っていましたけれども，あえて言う必要もないかとは思っていました．どうもそういう訓練を全くしていないのが行政職員なのかなとびっくりしたことがありました．

　さて，ここで，リーダー・プロデューサー人財について説明します．最低なリーダーをリーダーと言えるのかというのはありますが，失敗したら，その失敗を責めるリーダーがいます．何ら次に続かない．なぜ君はこれを失敗したのかということで責めまくる．これではひとは育たないですね．最高のリーダーで見ますと，原因を共に探して共有していく．原因を共に探していくことが大切です．上司と失敗した部下で責め合いをしていても何ら共有されないわけです．また，最低なリーダーについては命令する．「いいから，言う通りに黙ってやれ」ということになるわけですが，その方向性ですと，命令したことだけをやればいいということになるわけです．こうしたほうがもっとよくなるのではないか，こうすればもっと皆さんのためにいいんじゃないかと考えたとき，仮に失敗したとしても，挑戦させるという方向性が重要なわけです．

8

　その人がどのぐらいのレベルなのか．いわゆる職場に入ったばかり，または10年たっているとか15年たっているとか，もう係長になってもいいような実力を持っているとかに応じて，その挑戦の仕方も違うし，リーダーとしてのサポートの仕方も違うわけです．そこをよく考えなきゃいけないんです．意思決定をするときに勝手に決めちゃう人がいますが，これもまた問題です．ある程度相談しながら，最終的にはリーダー，上司が判断するわけです．相談もしないで，「私が決めましたので，言う通りやってください」では，チームとして問題なわけです．物事を実行したいときには，しっかりと支えてくれるのかどうか，人の話をよく聴くか聴かないかが決定的なわけです．「ちょっと話してよろしいでしょうか」と言ったら，「後にしてくれ」と．「いつならいいでしょうか」「いいから，忙しいから後にしてくれ」ということで，何ら聞いてくれることがない人がいます．いっぱいいっぱいなので人の話を聞いている余裕がない上司がいるわけです．ひとは育むものであって，ひとは使うものではないといったところを大切にしたいなと思っており，日々実践したいものです．

　例えば過疎地域の中で，こういう問題点があり，その中でも例えば2つ3つ解決しましょうというときには，インバスケット思考で考えます．これは幹部職員がしっかりと学んでいただく思考の1つです．問題点，課題が何かすら分からないという方もいるんですが，今何に困っているんですか．その困っていることは，重要性と緊急性から見てどの順位なのでしょう．皆さんにとってこれがネックになっていることだとすれば，その問題点を洗い出し，問題分析をしていく．

　その中で，例えば「五感」で，例えば「六育」でどうでしょうかと．分析の方法は，地域のこと，または仕事上のこと，いろいろあると思いますが，この地域だとすれば，「五感六育® + α」の中で一覧表を作成してみます．そこで，きっとこういうことではないかと「仮説」を立てます．いきなり「政策立案」するわけではなくて，地元の声をいわゆる実学現場重視の視点で情報収集し，裏づけを取ってから政策立案をします．ここで大事になってくるのが，小学校，中学校，高校までのようには100点はこの解答しかないと考えないことです．

答えは 1 つと考えてしまうかもしれませんが，大学生，大学院生，社会人の場合は，答えは 1 つではなく，違う角度から見たときはこういう手法があるんじゃないか，こういうことが可能じゃないかと考えることです．政策立案する場合には 2 つ以上の立案をすることが大事になってきます．

　行政がやるのか，民間がやるのか．以前，何でもやる課というのがどちらかの自治体にありましたけれども，それは一番のコスト高です．しかも，本来はそこが役割としてやるべきでないことまで手をつけたとすれば，お互いに不利益なこともあるわけです．政策立案をした後には，「調整」に入ります．いわゆる根回しです．このときにはストーリー化する，いわゆる役割分担を明確にするために脚本を書くことになります．その脚本では，いつ誰がどのように登場するのか，という調整に入るわけです．いつの話なのか，どんなときにそれが起きてくるのかもわからないというのでは不確かなので，具体的な調整に入ります．その調整を終えた後に，「政策決定」をします．政策決定後，「実践行動」に入るわけです．もちろんそれを「検証」したり，または微調整をしたりして，再度実践行動していく．この期間が，大体 1 年半 2 サイクルの 3 年間を私の場合は目処にしています．また，逆から見ますと，いわゆるゴールから見てビジョンを作成するというので，バックキャスティング思考というのがあります．

　図1.1に載せているカラフルなザリガニですが，2，3 日で色が変わります．鮭を食べたことがあると思いますが，鮭はもともと白身です．色のつく餌を食べて赤みを帯びる．同じように，ザリガニに色素のある餌を与えると，ピンクになったりオレンジになったり黄色になったりする．体の色が変わります．これを，なぜこうなるのだろうということで科学する．小学生が放課後，家に帰る前に餌を与えて，次の日来たら色がオレンジになっていると，驚くわけです．それはなぜ起きているのだろう，いわゆる学ぶ，習うだけではなく，問う，考える力を身につけていただく．地域創生・SDGs についても，その本質の中では考える力をお互いに身につけていくというのが大事です．ザリガニを教材として子供たちに科学するということを伝えていきたいのです．世界は人口増に

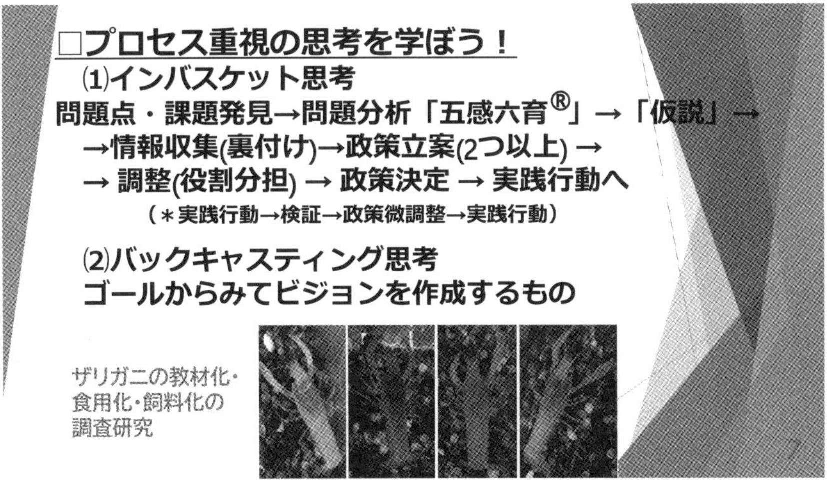

□プロセス重視の思考を学ぼう！
⑴インバスケット思考
問題点・課題発見→問題分析「五感六育®」→「仮説」→
→情報収集(裏付け)→政策立案(2つ以上) →
→ 調整(役割分担) → 政策決定 → 実践行動へ
（＊実践行動→検証→政策微調整→実践行動）
⑵バックキャスティング思考
ゴールからみてビジョンを作成するもの

ザリガニの教材化・
食用化・飼料化の
調査研究

図1.1　ザリガニの教材化・食用化・飼料化の調査研究

なり，食糧難になってきますから，今後はこれを食糧化できないか，または殻を飼料化できないかなど，研究しているところですので，ここで少し紹介しました.

　実際に限られた人生の中でどのように実践行動していくのかということですが，「五感六育® + α」のいわゆる部分・個別をつなぎつつ全体最適化する立体的ストーリー政策があります. これは産官学金公民連携し，どこの機関がどのように役割分担をし，いつどのように登場するのかということを明確にしていきましょうというものです. 総合計画，総合戦略，産業ビジョンなど，あらゆるビジョンの中では，いつ誰がどのように登場するのかというストーリーを描いているという政策は少ないわけです. というより，ほとんどない状態かもしれません. 私が関わっている地域ではこのことを進めています. もう少し詳しく示しますと，「五感」というのは，ご存じの通り，食べるとか見るとか体験するとか聴くとか香りですね. 今，聴くという音をまちのブランドにしていく動きもあります. また，香りを地元のブランドにする，いわゆる森林のまちですと，駅を降りたら森林の香りがするというようなイメージをしっかりと創り上げて，まちを香りでブランド化していくということもあるでしょう.

　今までは体験はほとんどなかったけれども，よくよく考えれば川下りができるなとか，よくよく考えれば森林があるのに，そこでなぜそういう体験をするような「木育」施設をつくらないのだろうとかいうことがあったりします．今あるとか，過去にあったとか，今はなく過去にもないけれどもこういうことができるじゃないかということを考えていくわけです．

　多くの人を雇い給料を払い，税金を納めている業種とは何か．1位から10位ぐらいまで考えてみますと，森林のまちだと思っていたのが，実は今は介護福祉の付加価値額が高いまちになっていたりします．また，3番手か4番手は建設業だったりします．自分たちが思っているのとは違う業種編成，業種ランキングになっていることも多いんです．地域経済分析システム（RESAS）で調べて終わりではなくて，実際に現場へ行って確認をするといったことが大事になってきます．付加価値額ランキングを踏まえながらその現場を確認して，自分たちのまちはどういう状況なのだろう，現在はどういう基幹産業が柱になっているのだろうと把握していくことが大事なのです．

　また，「六育」については，知り，気づく機会をつくっていきましょう．子供たちだけじゃなくて大人も一緒にですが，自分たちの遊びという空間の中で考える力を身につけていく「遊育」を盛んに実施しましょう．食育というのは，いわゆる旬なときに地産地消して食べていただこうということだけではなくて，8歳までに約8,000個，12歳までに約1万2,000個の舌の味蕾ができて，12歳でピークになります．そこから下降していきますから，味蕾が約1万2,000個くらいある間に，いわゆる12歳までの間に何度となく「5つの味」，甘い，しょっぱい，酸っぱい，苦い，うまみを体験する．地元のものではどういうものが甘い，しょっぱい，酸っぱい，苦い，うまみであるのでしょう．なければ，他の地域から調達しつつ，その5つの味を体験していただくというのが，私が考える「食育」教育なのです．

1.2 「五感六育®＋α」による地域創成・SDGsの事例

　私は，どちらかというとまち全体がどのように底上げできるかといったところに強い関心を持っており，特に社会人を受け入れる学び直し，学び足し大学院教育に力を入れています．これは，今までお話ししたような視点を持った方が増えていかないと，行政は行政，民間は民間でそれぞれの人財を養成して，部分・個別で自分たちのまちを形成しようと考えてしまいがちです．そうではなくて，やはり強みや弱みをお互いにカバーし合うような形でしっかりとつながっていくことが大事と考えます．同じ日本の中で地域同士がつながって，お互いに弱い部分を高め合っていくことが大切です．

1.2.1 茨城県行方市

　ここは3年間入っていましたが，「焼きいも日本一」になりました．サツマイモというと薩摩ですから，イメージは鹿児島か宮崎，九州のまちかと思われるかもしれません．どのように希少性を出すのかが重要となります．11月と12月に北海道に入りますが，「うちはジャガイモしかない」と言われたとしましょう．「ジャガイモがあるじゃないですか」という発想が必要なのです．大切なのは，そのジャガイモの希少性をどのように発揮するか．ふかして食べるとおいしいとか，焼いて食べるといいとか，またはこうすると断トツにいいというところ，何で戦うかが大事なのです．茨城県行方では，サツマイモの生産量日本一を目指そうという中で，焼きいもにするとおいしいイモづくりをするのだということで進めてきました．

　これまでの行方市で取れたサツマイモは全て宮崎工場へ持って行き加工されていました．地元でとれた農産物は地元で加工したいものです．ちょうど小学校跡地がありました．何とかそこを有効活用できないかということで，小学校跡地にサツマイモの加工場等をつくることになりました．

　先ほどの順番でいきますと，地元の農業を元気にするため，農業の皆さんの所得を押し上げることが重要です．イモをつくっている農家全体の方々に関わ

13

る，規格外も含め全量を買い上げてもらうということで，小学校跡地に工場を
つくる．

　焼きいもを日本一にしたとしても，形が悪いので引き取れないと言われては
困るので，芋スティックという形で，規格外であっても関係なく全量を買い上
げる工場をつくったのです．SDGsの実践となりました．皆さんも，コンビニで，
20〜30分置いておくとそのまま食べられる冷凍の大学芋を体験したことがある
かもしれません．それがこの工場です．

　2015年に工場をつくることにしたとき，行方市としての課題は，小学校跡地
をどうするか，農家の方々の全量を買い上げてもらうにはどうするか．農家の
跡継ぎが不足していることでした．まちから若年層がどんどん流出していたん
です．若者が中学校から高校を卒業して，または大学を卒業したら，親元を離
れて他の地域へ移ってました．そこで，この小学校跡地に工場をつくった時，
180人雇用のうち150人は地元の方を採用することになりました．特に20代〜30
代の行方市出身者で，地元に戻ってきたいという方を採用するということによ
り，若者が戻ってくることになりました．人口は微減傾向でしたが，人口構造
が，20代〜30代がぐんと増えた形になりました．それでも150人じゃないかと
言うかもしれませんが，150人は非常に大きな数字です．2015年に地元の子た
ちが戻ったことによって，同年代の方が戻ってくるようになりました．例えば
農業は継がないと言ってこの地域を出た24歳の女性が戻ってきたのです．農家
の跡は継がないよと言っていた方も，全量買い上げてくれるということと，自
分の同期生，同級生が戻ってきたということなどで，自分も戻りたいなと，若
年層の流入が始まったのです．行政がよかっただけではなくて，農家の方がよ
かっただけではないんです．全量買い上げたものを一回JAの農業協同組合の
倉庫に入れて熟成をかけますのでJAもよかったわけです．もちろん，これを
運営している企業だけがよかったというだけではなく，四方よしがここで実現
したという事例なのです．

1.2.2 宮崎県日南市

　自分の生まれ育ったまちに就職したい，まちに戻りたいけれども，希望する事務職の雇用がないということが課題でした．宮崎県日南市の場合も，何でこんなに若者が流出していくのだろうということで調べてみると，地元採用，いわゆる地元企業で事務職を雇うところがほとんどなかったんです．やむを得ず親元のまちを離れていくことが起きていたわけです．

　先ほどのインバスケット思考でもそうですが，仮説を立てて実践行動に持っていく時に明らかなのは，もう一回地元の企業で本当に事務職の採用がないのかを確認しましょうというところから入るわけです．順番でいくと，地場産業が大事ですから，そこでどういう事務職なら採用していただけますかとか，全く採用がないのでしょうかということを直接確認していくわけです．確認すると，やはり事務職採用は今は必要ない状況にある，当分採用はしないということでした．そうなると，地元企業のためになるような起業を推進するか，もしくは企業誘致をするということを考えるわけです．

　しかも，それをどこにするのかとなると，これまでの固定概念にとらわれずに，順番，視点を変えないとなりません．例えば，商店街に空き店舗が20店舗以上あるのに，商店街は商店を入れるべきところであるという固定観念を持ってはいけません．そのような考えでは，そこに起業していただくとか企業誘致をかけようなんていう話にはならないわけです．なぜならば，商店街の店にオフィスや，事務所として入っていただければ，その方々は朝御飯も昼御飯も夕御飯も，または懇談会とか懇親会でも商店街を活用したりするということになります．全部がそのようになるとは限りませんが，可能性が広がります．起業していただいたり，企業誘致をして事務職を雇いますとか，こういう事務職なら雇いますといったところに来ていただくことが大事といえましょう．

　それを実現したのが，日南市の油津商店街です．地域活性担当大臣が就任したら，日南の商店街へ視察に来るようです．事務職の雇用を何とか創り上げる，商店街の空き店舗も，それに応じて飲食店等に入っていただくようになったという事例です．若年層の流出を減少させ，人口構造も改善させていくまちとし

て期待している所です.

1.2.3　奈良県御所市（行方市・日南市の取組みを踏まえて）

　奈良県御所市は，私が関わる前に大手コンサルが２年間入っていたと聞いていました. 300戸あった大和芋をつくっている農家が10戸になりました. そこで，私が呼ばれまして，３年間入りました.

　大和芋農家をやめた方々，今現在大和芋農家を続けている10戸の方々にお会いして，なぜそういう状況になっているのかなどを確認しました. サツマイモやジャガイモは，１つの根っこに数個が取れるのですが，この大和芋は１つの根っこに１個しかできません. 丸い形のものは１キロ800円ぐらいで取引されるのですが，規格外は取引されない. 袋に詰めて「規格外です」と売ったらどうですかと言うと，そうはいかないのです. その規格外はどのくらいの率なのか. 行方市のサツマイモは，少ないときは１割ぐらいで大体２割出る程度です. この御所市の大和芋は，掘っても掘っても３割が規格外. 私も掘りましたけれども，掘っても掘っても規格外が出てくると，心が折れますね. 規格外でも同じ味でしょうし，同じ栄養価ではあります. 掘っても掘っても取引をしていただけないものが出てくると，ほんとうに心折れます. ということから，300戸の農家が10戸に減っていくことになりました. 息子娘には跡を継がせられないということだったのです.

　なぜ規格外を袋に詰めてキロいくらというのをしないのかというと，やはりプライドが許さないのですね. 規格外しかつくれないのかとは思われたくありません. よって，知り合いの方に差し上げたり自分で食べるとかして，あとは種芋にしたりするわけです. そういう事情から，大和芋で生計を立てるのが難しかったのです.

　そこで早速，部会（ワーキンググループ）をつくり，今後の実践内容を検討いただくことにしました. 大和芋の部会とか，ワケギの部会とか，パパイヤの部会とかです. 部会で具体的に協議して，それぞれごとにその専門性を発揮していただくわけです. 規格外の大和芋は形を変えることにしました.

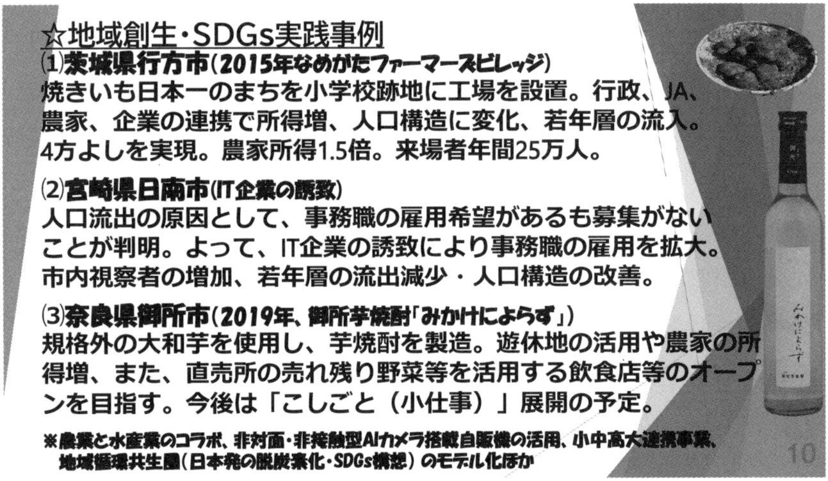

☆地域創生・SDGs実践事例
(1)茨城県行方市(2015年なめがたファーマーズビレッジ)
焼きいも日本一のまちを小学校跡地に工場を設置。行政、JA、農家、企業の連携で所得増、人口構造に変化、若年層の流入。4方よしを実現。農家所得1.5倍。来場者年間25万人。

(2)宮崎県日南市(IT企業の誘致)
人口流出の原因として、事務職の雇用希望があるも募集がないことが判明。よって、IT企業の誘致により事務職の雇用を拡大。市内視察者の増加、若年層の流出減少・人口構造の改善。

(3)奈良県御所市(2019年、御所芋焼酎「みかけによらず」)
規格外の大和芋を使用し、芋焼酎を製造。遊休地の活用や農家の所得増、また、直売所の売れ残り野菜等を活用する飲食店等のオープンを目指す。今後は「こしごと（小仕事）」展開の予定。

※農業と水産業のコラボ、非対面・非接触型AIカメラ搭載自販機の活用、小中高大連携事業、地域循環共生圏(日本発の脱炭素化・SDGs構想)のモデル化ほか

図1.2　御所芋焼酎「みかけによらず」

　例えば，「みかけによらず」（図1.2）という焼酎に変えることにしました．プライドが許さないけれども，形が違うだけで同じ品物です．生産してそのまま売るのではなくて，それを有効に活用して皆さんに喜んでいただけるように焼酎にして売ルことにしました．これもSDGsの実践事例です．これを500ml，2,500円（税別）で出しますと言ったら，高過ぎるのでは．そんなの誰が買うんだということになりました．逆算しますと，その規格外を買う場合，それくらいの値段にしませんと採算が取れません．何としても途絶えることなく続けていただきたい，続けていただくためにもその値段になったわけです．これを国内だけではなくて海外にも持っていったり，または国内でいうと星1つとか2つとか言われている店にも置いていただくよう営業することでした．

　ただし，大事なのは順番です．まず地元の方々に飲んでいただいて，いいお酒ができたね，いい焼酎ができたねと言って飲んでいただき喜んでいただく．1年目は決して外に出さずに地元で販売するわけです．次に，奈良県の中で，奈良県以外，そして海外へという形にしていきます．まず最初に地元の方々にしっかりと紹介して，地元の方々に喜んでいただけるものにするのが大切です．今は年間2,500本とかに増やしていますけれども，最初の年は500本からスター

トしていきました.

　もう１つ大事なのは, 大和芋の農家の方々がこれだけ頑張っていただいているのだから応援しようというまちを挙げての動きをつくる. 地元の愛着心へ持っていくことです. そのため, こしごと（小仕事）を展開することにしました. 行政だけじゃなくて, JAだけじゃなくて, 農家の方だけじゃなくて, これを加工する酒蔵の方だけではなくて, 大和芋の皮むき, １時間なら手伝えます, ２時間なら手伝えます. 子育てしているけれども, この時間帯なら手伝えますという皆さんに関わっていただく仕組みづくりが大切です. 小さな仕事として１時間とか２時間, どういうことだったらお手伝いしていただけますか, 参加していただけますかということをヒアリングし一覧表を作成します. 市民の皆さん, 地域の皆さんが一緒に関わっていただけるような形を取ることが持続するためには重要といえましょう.

　ちなみに, これを星１つとか２つのお店へ持っていきましたら, それを飲んだ途端にそこの店の社長さんが, 「今日は何本持ってきているの」と言います. 「５本です」と言いますと, 「では５本置いていって」と言うわけです. 値段も聞かないで決めてしまうのですかと驚くわけです. 「値段はいいんですか」と言ったら, 「いいですよ, 置いていって」ということになりました.

　その理由はおわかりでしょうか. 料理をつくるプロの方々は, お酒によって自分のつくった料理の味を邪魔されたくないわけです. となると, 結論から言いますと, すっきり感があるか, ないのかということがとても大事になってきます. みかけによらず, すっきりした飲みごこち, みかけによらずまた飲んでみたい, おいしいよねと. ここまで言ったら, 買いに走る方もいるかもしれませんが, ぜひ買って飲んでみてください. 毎年つくっていますが, 本数も限られていますので, どうぞ一度飲んで体感してみてください.

　こうしているなか, また相談が届きました. 新型コロナ禍で非常に困っています. それは, 自分のところで丹精込めてつくった, ただし30個しかつくれません, 100個しかつくれません. という逸品. 今までは, まちを挙げて東京とか大阪とかいろんなところで物産展とかをやって, 法被を着て「いらっしゃい,

いらっしゃい」とやっていました．ところが，新型コロナ禍，県内から出ては
いけないとか，そういう売り方をしてはいけないとか言われて，なかなか対面
販売とかができない状態になっています．扱ってもいいけれど，1,000個用意
してくださいとか，最低500個は用意してくださいとか言われると，とてもと
ても用意できません．どうしたらいいのでしょうかという相談でした．それで
あれば，自動販売機にしましょうと提案したわけです．自動販売機であれば，
10個でも5個でも20個でも入れることができます．

画面表示はタッチ式にしまして，どこでつくったものか，真ん中に動画が流
れるようにしています．一番上にはAIカメラが付いていて，20代・30代・40代・
50代・60代，男性・女性，どれを購入したのかが判別できるようにしています．
個人情報の関係がありますから，そこですぐ消えるようになっています．3秒
から4秒ぐらいの商品の動画を流す中で，消費者動向がどのようになっている
かも分析できるわけです．

そして，今までは自分たちがつくれるものを自分たちの技術でつくってきた．
いわゆるニーズ把握はもちろんしているのかもしれませんが，そこまではなか
なか行き着かずに，自分でこういうものがいいのではないか，こうしたらいい
のではないか，ある程度の方々にヒアリングしながらつくってきた．ところが
新型コロナ禍にあっても，20代・30代・40代，どの世代の方をターゲットにす
るか，男性・女性，どこをターゲットにするのかということを踏まえながら，
自分たちの技術力で自分たちの地域で生産されたこういう商品，またはこうい
うデザインでつくればいいのではないか．動画配信するときにも，こういう形
を組み込めばより多くの方が関心を持ってくれるのではないかというように，
木村研究室では，消費者動向を含めて分析・解析して，それを地元の方にバッ
クするということをしています．地域創生・SDGsの実践内容については，毎
月第3木曜日の12時から12時50分まで，渋谷クロスFMでの「地域創生・
SDGs『ひと・こと・もの』を元気！にする番組」で紹介しております．

というように，非対面・非接触型であったとしても，自動販売機を活用して．
単に自動販売機に入れて，売れたからよかっただけではなくて，そこにどうい

う消費動向があるのかを分析・解析すること．それに基づいて，もう一度地域でどういうところをターゲットにするのか．どういうデザインが求められているのか，20代・30代・40代・50代・60代・70代でどういうものが好まれているのかといったところを解析して，そういうニーズに基づいて商品等を製造していくことが大事と考えて進めています．

　先ほど，私は大学院で社会人の実学教育に力を入れていますという話をしましたが，その中では，このことを研究していただく方，または，実際につくる，生産するところから，微生物を含めて連作障害が起きないにはどうしたらいいのだろうということを考える．または，土着菌を殺すことなく増やしながら，土地のCO_2，N_2Oを削減するにはどういう対応が必要なのかというようなことも，木村研究室の客員研究員と話し合いをしながら，地域創生・SDGs，特に地域貢献，社会貢献をしていくということで，「実学」教育としての研究開発を進めているところです．

1.3　産業，歴史，文化の掘り起こしと研き

　先ほど，1つの自治体には地域創生・SDGsの実践のため3年入っていますという話をしました．講演だけ聞いた皆さんに実践行動に移していただくというのはなかなか難しいところがあります．3年間入らせていただいて，そのまちのひとたちが自分たちで自走できる，自分たちでやっていけるという形を何とかつくれないかということで，これまで私たちは進めてきました（**図1.3**）．

　私が演習ゼミを担当し論文指導している社会人の大学院生には，お医者さんを含めていろんな方々がいます．客員研究員（11名）がいますので，その方々と一緒に地域へ入って，私は経営学が専門ですが，私とは違う角度から見てもらう，眺めてもらうことをしています．

　1年目は，「五感六育®＋α」分析の仕方や，順番が今まで通りでよかったのか，視点はどうなのだろうか，どういう形でのやり方が今まで行われていて今後はどういう形で進んでいくのがいいんだろうか．私たちはその地域の皆さ

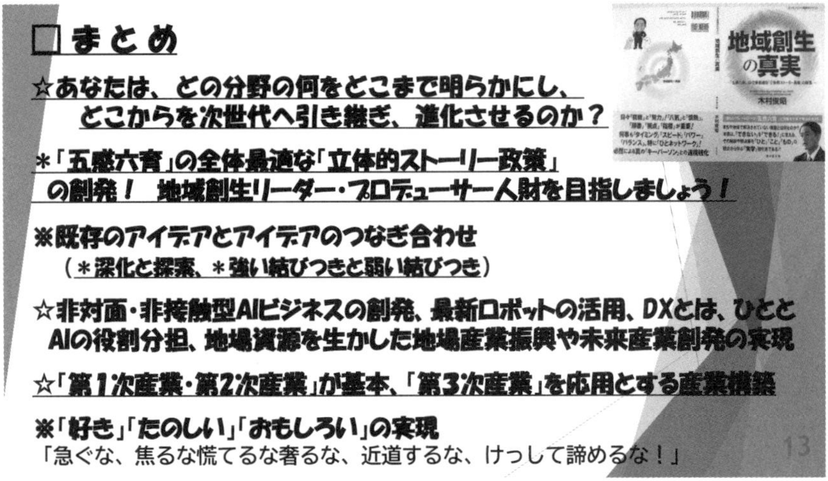

図1.3 地域創生・SDGsの実践 3か年の到達目標イメージ

んにとって余計なことはしません．地域の皆さんのこういうことがやりたい，こういうことをやってみたい，こういうところが困っているといったところを洗い出していくわけです．ないものねだりではなくてあるもの探しを，「五感」分析し「六育」バランスを考えてやってみるんです．基幹産業は自分たちが考えている通りなのかというと，どうも違うようだ．大事なところを押さえていくことをしながら，また，実践内容を地域の皆さんに知っていただく機会をつくるというのが1年目となります．

2年目は，その現場をどういう調査方法で，どういう項目で，どのような分析の仕方でやっていくといいんだろうということをしながら政策や，事業構想を作成していきます．自らストーリーを描いていく．このときに，「映画ワークショップ」というのを導入するときもあります．まちの宝もの洗い出しをして1つのストーリーをつくっていくことをするんですが，それぞれの進捗によって，進み具合によって行います．

3年目は，自分たちである程度ストーリーを描き，それを実践するわけです．そのときには，どういう方々に協力を求めていくのかということも含めて，自分たちで考え自分たちで動く．ただし，何でもかんでも行政，民間，JAがや

るとかいうことではなくて，それぞれの持ち味を活かした形で，そのことを調整できるひとを育てることも重要となります．

　産業振興や地域創生・SDGsの推進の他，それをできる人財を，プログラムをつくって養成していくということを進めているのが，3か年の事業計画なのです．産業，歴史，文化を徹底的に掘り起こし，研きをかけて世界に向けて発信する，きらりと光るまちづくりが大事です．いわゆる「まち育て」です．また，未来を担う子供たちの「愛着心」を育むことが大切です．愛着心をどのように育んでいくのかというと，産業，歴史，文化を徹底的に掘り起こすときに関わってもらうわけです．社会科の副読本ですと，自分のまちのことは2つか，もしくは1つしか出てきません．または，今の子供たちは塾通いとか，何かと忙しいというのをよく聞くのですが，このことを何らかの授業中にできないかと考えています．

　よって，小学校，中学校，高校の先生がとても大事です．先生たちに地域のことに強い関心を持ってもらい，毎日児童や生徒に接する際に特に小学校の担任の先生が，そのまちの出身ではないとしても，地域に関心を持っていただいて子供たちに伝えてもらうことが大切です．

　私は最初，小樽市で実践したんですが，134軒あった寿司屋さんを全部回ったり，ラーメン屋，うどん屋，そば屋さんも全部回りました．スナックが350軒ありましたが，そこも回りました．まちづくりに関われないひとはいないんです．もちろんやりたくないひとは別ですが，それ以外の方は何らかの形で関わっていただくことが肝心です．それによって地元に愛着を持っていただくということが大事というのを進めてきました．

　その中で5つのポイントを考えました．連続性を持っていくには科学するべきだと感じています．何かいいよね，これをやるとすごくいいよね，農業をやると心が癒されるよね．どういうホルモンがどのくらい出たときにそのひとはどのようになるのといった数値化が大事だと考えています．そのことで少しでも次世代の進歩につながり，次世代が一歩でも二歩でも伸びていく，いわゆるもう1つ上がっていけるようなものでなければならないなと感じています．そ

こで，５つのポイントとして挙げたいのが，１つ目は，実学・現場重視の視点の中での順番と視点．いわゆる実学・現場重視における順番を考えましょう，視点を考えましょう，このことをもう一回考えてみましょうというものです．

　２つ目が，私が提唱しています「五感六育®＋α」思考による分析と，それに基づき，一覧表をつくってみましょう．これは見える化です．そこに参加したひとだけがそのことを学んだというのではなくて，できる限り多くの方に知っていただくために，一覧表をつくって周知していくわけです．今は，マスメディアの皆さんだけではなくて，自分たち自らが発信できるというスマホ等の機能を持ち得ていますので，お互いに高め合うことに関しては，お互いに発信をして確認し合うことができます．ぜひそれをやってみましょう．

　３つ目が，経路依存性の話もしましたが，全体最適思考の実践です．部分・個別なものをつないでいく全体最適，全体に最も良い状況をつくること．全てがそうはなりませんけれども，部分・個別から全体の最適化をしていくことがこれからますます重要といえましょう．

　４つ目が，立体的ストーリー化です．いわゆる理念，目的・目標・使命を明確にして，指標（ものさし）を決めて，それに基づいて産官学金公民連携の立体的ストーリー化が必要と考えています．私はよく脚本書きと言っているんですけれども，いわゆるセリフだけでも駄目で，その背景も含めて書いていくことが大事なんです．お互いに確認し合って実践行動していくことが大事と考えています．

　５つ目は，先ほどのインバスケット思考の中で，ここは大事ですよと言った調整ということです．この調整をできるひとが地域には必要です．調整による実践行動と検証が必要なのです．

　何らかのことを実践行動していくときには，それに伴って「人財養成プログラム」を推進していくことが大事になってきます．そして，私のいつもの口癖なんですが，タイミングを逃してはいけません．そのタイミングをしっかりと考えた時に，スピード感，パワー，バランスを踏まえて，ひとネットワークを持って実践していきましょうということを常々お伝えしています．このタイミ

ング，スピード，パワー，バランス，ひとネットワークが大事なのです．もう
1つ実は大事なのがありまして，それは「リズム感」といえましょう．テンポ，
リズム感は大切にしたいものです．

　今，小学校・中学校・高校・大学連携というのを茨城県つくば市で実施して
います．「つくばスタイル科」というのを小学校5年生から中学校3年生まで
実践しています．これは，小学生のうちに，先ほど私が申しました仮説を立て
たり，その地域内でどういうことが行われているかということを学び，習う，
仮説を立ててそれを実践していく時，どういう手法があるのかというのを学び，
習い，問い合てしていくんです．このことを小学校・中学校の連携で行ってい
ます．また，高校・大学連携で行うというのも，つくば市では盛んに進められ
ています．小学校・中学校・高校まではつくば市内の学校で，大学は東京農業
大学と実施しています．小学校，中学校，高校までにできれば地元のことに関
心を強く持っていただくものです．これを，大学の先生方が小学校，中学校，
高校まで伺って進めています．小学校，中学校，高校までの間にぜひ地元の皆
さんに「ひと，こと，もの」に愛着を持っていただきたいものです．

　私は小学生，中学生の前で講演することが少ないので，絵本を出版すること
にしました．先ほどの「五感」とは何だろうとか，学び，習い，問うものです．
来年度は，できれば小学校，中学校，高校，大学だけではなくて，幼稚園，保
育園の皆さんにも入ってもらい，この地域のことを考えるということをしてい
ただきたいなと思っています．

　日本地域創生学会は2030年まで開催時と開催場所（大学）が決まっています．
また大学機関として地域創生実践総合研究所を設立し，主に，都市部，過疎地
域，離島や被災地の課題に応じて実学教員のチーム編成でボランティア支援し
ています．この研究所は他とは違いまして，個々の大学教員だけが関わるので
はなくて，依頼の課題に応じてチーム編成し，地域創生，SDGsの推進や地域
人材養成と定着に協力・支援することにしています．というのは，私は経営学
の専門ですが，行動経済学の専門の方もいます．かつ，実学教育をしている方，
いわゆる実際に現場に入ってその方々と一緒になって汗を流して，黒子役を

行っている大学教員等に入っていただいており，既に15人集まっています．また，実践する企業団体にも協力頂いております．医師を含め，いろいろな方がいます．医学博士から経営学博士から工学博士などがいます．

1.4 まとめ

日々私たちは「あなたはどの分野の何をどこまで明らかにして，どこからを次世代に引き継いで進化させようとしていますか」ということを大切にしています．現在，大学院で一緒に学んでいる方，または客員研究員の皆さん，地域に入った時，一緒に実践行動する皆さんには，あなたは，またはあなたの地域はどんなことをどこまで明らかにして，どこからを子供たちへ，次世代に引き継ごうとしていますかということを大切にしましょうということを常々お話しさせていただいています．

その中で，私は「五感六育® + α」の全体最適な立体的ストーリー政策を地元の皆さんでつくっていく．行政だけが政策をつくるわけではありません．商工会議所の方もいますし，青年会議所の方もいますでしょう．いろんな方々と一緒になってつくり上げていくことが大事なのです．ここは経営学の知見だったりネットワークの知見になるんですが，既存のアイデアとアイデアをつなぎ合わせる．持続性を持つためには，「深化」，いわゆる深掘りと「探索」，新たな開発を生み出すことが大切です．自分の地域で行われていたことを深掘りすることと同時に，自分の企業で行われてきたことを深掘りするということと同じように，探索，新たなことや，新たな展開をすることが持続するには大事になってきます．

新型コロナ禍，大変厳しい状況の中だったんですが，100年以上の老舗企業40社にアンケートとヒアリングをさせていただきました．最終的に最後まで協力いただいたのは38社でした．その方々から聞いた時にも，やはり深化と探索が重要であろうということと，あわせて，やっぱり理念をしっかりと持つ，ストーリー性が大事であるということを伺いました．

　その中でもう１つ，強い結びつきと弱い結びつきです．強い結びつきというのは家族とか日頃会っている方々です．それだけではやはりアイデアは生まれてこないので，弱い結びつきを大切にしましょう．名刺交換をしましたとか，今はまだ直接お会いはしてないけれどもオンラインで話合いをしましたとか，メールでやり取りしたりしていますというひとが大切になってきますということをここでお伝えしたいわけです．

　例えば，フグの養殖場を見にいきますと，フグはお互いにかじり合ってしまうと死んでしまいます．それを解決するために，歯を爪切りで切るという作業があります．それを切り過ぎるとまた死んじゃうし，ちょっとしか切らなかったら２回切らなきゃいけなくて手間となる．そこでは大体3,000匹飼っていますが，それを全部行うのは非常に大変です．というようにひとがやるべきところ，もっとスピーディーにできることはロボットに任せることができないか，すみ分けすることも実施しています．

　私は１次産業，２次産業が基本であり，３次産業を応用編として，１次産業，２次産業とつないで，地域づくりのいわゆる地場産業をネットワーク化していくということが大事だと考えています．今，宮津市へ入らせていただいています．今回の新型コロナの関係で観光業はじめ，地場産業が大打撃を受けております．大変厳しい状況になっている中で，１次産業と２次産業をどうするのかといったことも含めて，地域人財養成を中心としてお手伝いさせていただいているところです．特に「五感六育®＋α」思考による全体最適の立体的ストーリー性ある映画制作ワークショップを導入し，市民と行政との協働，共創を実現します．

　「好き」「たのしい」「おもしろい」を実現していく．そして，一緒に関わる皆さんにとって，好きだよ，これ楽しいね，これおもしろいねといったことを実現し，創発するお手伝いをこれからも積極的に推進したいと考えております．

第2章
地域からの創造の力が未来を創る

金丸　弘美

（総務省地域力創造アドバイザー　内閣官房地域活性化伝道師）

2.1　はじめに

　地域からの創造の力が未来を創るというテーマでお話しさせていただきます．私は，取材執筆活動をやっているのですが，もともと地域活性化に関わることを始めたのはなぜかというと，実は，子供たちのアトピーからでした．私の子供が小さい頃，保育園の送り迎えをしておりまして，そのときに保育園の先生から「お子さんのお肌がきれいですね」と言われたのです．「子供たちってみんな肌がきれいじゃないですか」と聞いたら，「とんでもない．今はアトピー，アレルギーがすごく多いんですよ」と言われました．実際にデータを調べると，アトピー，アレルギーは３％以上あります．肥満も，小学校で１割を超えています．そのことを妻に話したら，「実は私，高校生の頃に重度のアトピーで，入院生活を送っていた」と．ムーンフェースと言うのですが，顔が腫れ上がって，二十歳まで生きられないと言われたんです．ちょうど高度成長期のど真ん中で，店屋物とかインスタントラーメンとかが便利だと思って食べていたら，体が重度のアトピーになって，二十歳まで生きられないということでした．これは大変だということで，お母さん，お姉さんがみんな勉強会に行って，栄養バランスを考えた食べ物を食べるということになりました．

　長男が小学生のとき，先生のいじめに遭って登校拒否になりました．妻は乳がんになりまして，下の子は市販のお菓子を食べるとアレルギーになったんです．それで，私たちが食べているものは何だろうというところから，農業の現

場へ行くことが始まり，私たちがいかに農業のことや食べ物の現場を知らない
かというのがよく分かりました．いいものを作る方はいるのですが，それがなか
なか見えてこないのです．私はもともと雑誌の編集者で，テレビの企画も担当
していましたので，妻の「食や農業で頑張っている人を雑誌や本で紹介して
ほしい」というところから，それで本にして紹介していきました．さらに，農
家さんに「消費者に直接お米を売りたいが，どうしたらいいか」と相談されま
した．環境や米の品種を調べ，田んぼの生き物調査をやって，環境とセットで
売っていくことを始めました．それがその後，食育に繋がるのですが，イタリ
アのスローフードがそういうことをやっているらしいと言われて，よく分から
ないので，イタリアまで行きました．向こうは食材と環境調査をやって，どう
いう背景で誰が作ったのか，きちんとテキストが作ってありました．それを味・
みた目・香り・触感を五感で味わう味覚ワークショップで共有化して，プロモー
ションをかけて世界に発信していました．私はものすごく感動し，帰国後，取
材とワークショップが始まりました．

2.2　中山間地

　中山間地の話を中心にしますが，過疎化とか人口減とか若者流出というのは，
全国の課題になっています．しかし，課題の解決に活発に動いている地域はた
くさんあります．それがなかなか見えないところがあります．発信力があって，
ものづくりの力があって，ブランド・デザイン力があって，自分たちの持って
いる食文化，環境をきちんと明確に打ち出して消費者ニーズにマッチングさせ
たところは，コロナ禍の中でも売上げが伸びております．

　ここでは，そういうところを紹介します．活力ある中山間地に共通の視点で，
高知県馬路村，長崎県大村市，長野県川上村，徳島県上勝町，大分県大山町，
三重県伊賀市と，代表的なものを挙げていますが，これらにあてはまることは
何かというと，窮地に陥っていたことです．

① 高知県安芸郡馬路村

　例えば馬路村は，森林率が90％以上あって山林が中心でしたが，輸入木材のために国産材の売上げが下がって，村からどんどん人が出ていく．大分県大山町も山間地で，山林で食べられないという問題がある中，逆に，地域の特性は何かを改めて再確認しました．現在の消費者に合ったニーズを探して，そこに合致する接点を見い出し，村外へ出て営業展開をして，それを実現できる人材に投資して，最初は地道に，小さいところからこつこつやっています．このように丁寧に積み上げたところは，今も活力を持っています．

　そのノウハウを連携することを私たちはおこなっているのですが，**写真2.1**は高知県安芸郡馬路村です．私は高知県の観光特使をさせていただいております．私はいろいろな本を書いているのですが，『田舎力』を高知県庁の職員の方が読まれて，全部の場所へ行かれたんです．高知県庁の方がすごいのは，コンサルタント任せにせずに，役場職員が全部自分たちの足で歩いているところです．こういうところがあるというと，その現場へ行かれています．その上で，中山間地の人材育成事業を一緒にやってほしいという話になって，4年間，毎月高知県に通いました．各地域でどのようなことがなされているのか，ノウハウを交換していくことにしました．合宿形式をとり入れたのは，パワーポイントで紹介し見せて話をしても，実際に現場へ行かないとわからないからです．

写真2.1　高知県安芸郡馬路村

29

　馬路村は人口830人です．世帯数418，森林率96％，標高は260m以上ありま
す（**写真2.2**）．ユズ加工品が大ヒットして30億円の売上げになりました．こ
の農協には視察が多く来ています．しかし，視察で学んだことを形にできてい
る他の地域はなかなか出てこない．それはなぜか．このユズがどう商品化され
たのか，どういう設定をして生まれたのか，なぜそれが30億円の商品になった
のか，成功しているところはどういうところか，これらをしっかり聴き把握し
た上で参加メンバーが自分たちの今後の5か年計画を立てて，小さいところか
ら始めていこうということで，役場の職員，JAの職員，農家の方々と共に年
3回の合宿を行いました．

　この合宿に当たり，農家の方々に1人20本の質問を用意してきてくださいと
私はお願いしました．40人ほどの合宿ですから，1人20本というのは，800本
の質問が投げかけられることになります．この時最初に，農家の女性が「質問
て，何するんですか」と言われました．「馬路村は一体どれくらいの売上げがあっ
て，それを加工して幾らになって，ここの職員さんの給料が幾らで，利益率が
どれくらいで，どこに売って，どういう補助金をもらっているのかとかを聞き
たくありませんか」と答えたら，「それは聞きたい」と言われました．「聞くこ
とあるじゃないですか．素朴なことで構いませんよ」と言って，質問を1人20
本書いてくださいということで始めました．最初はみんな，こんなことを質問
していいかなということでおずおずとした態度でした．一番最初の質問は，農

写真2.2　ゆずの販売

家の女性が馬路村農協の組合長に尋ねられた，「組合長も言いにくいと思いますが，私も聞きにくいんですが，ここの初任給は幾らでしょうか」でした．当時の組合長が「13万5,000円です」と答えたところ，若い職員が「いや，違います．12万5,000円です」と言いました．回りで大爆笑が起こって，こんなことを訊いていいんだというところから始まりました．

そういうことで，馬路村の方々に質問をするといろいろなことがわかってきました．例えば，ここの森林は国有林なので，木材が売れないため，実は商品はユズしかありませんでした．ユズしぼりを売ることにしましたが，高知県内ではどこでもユズしぼりを売っています．四国圏内でもなかなかユズしぼりは売れない．そのため，大阪や東京のデパートへ直接持っていくしかない．お金がないから，みんなでトラックに積んで，最初は一升瓶で持って行ったら，「とてもおいしいけれども，これでは冷蔵庫に入らないでしょ．小さくしたら」と言われました．あっ，小さくしたほうがいいんだなと気づきました．

馬路村という村の名前にみんな引け目を感じており，都会がいいな，村って嫌だなと感じています．ところが，デザイナーが商品名に「馬路村」とつけたから，何でこんな名前をつけたんだろうと．でも，東京へ持っていってお客さんに何て言われたか．「村は環境がよくて，とてもいいところでしょうね」．私たちは東京に憧れるけれども，東京の人は村に憧れるんだ．それでは村を前面に出そう．馬路村がなぜすごく画期的になったかと言うと，農協としてデザイナーを雇ったんです．今まではデザイナーはパッケージデザインだけをちょっと企画するというスタイルでしたが，ここはデザイナーと年間契約をしました．年間契約をするとどうなったかというと，こんなアイデアもある，こういう商品を作ったらとなりました．つまり，パッケージを作ることだけではなく，地域のものをどう生かすかというのがデザインです．デザインがいろいろあって，馬路村のただユズしかないものが，いろいろな商品になっていくのです．

ここは木材の町でしたが，それが売れなくなりました．そこで，木材を使った建物を作って，みんなで村らしい景観を作っていくことになりました．もともとあった森林組合の建物をそのまま活かしてリノベーションして，そこがお

店になったり，何と山の中にパン屋さんを作りました．それは必要だから，村の人も都会の人が喜ぶから作るわけですが，実際に年間何十万人という人が来ています．それは，都会にない環境を持っているからです．そういうことをこつこつやってきました．

デザイナーがいろいろ考えたものですが，ユズを絞った後に皮が残ります．これがもったいないから風呂に使おう，あるいはふりかけに使おうとなりました．パッケージがありますが，ユズの湯は29種類もあるのです．お店に置いてあると，お客さんが毎日違うユズのお湯に入ろうというので1週間分買っていくとか，あるいはお土産に買っていって近所の人に配ったりされます．中身は全部同じです．ただしパッケージデザインが違います．これはデザイナーの発想で，遊び心も含めていろいろなことを考えて商品開発をやっています．

さて，ここではオペレーションセンターを持って顧客管理を行っています．大阪，東京に出向いたときに「おいしかった」と言われたら，「よかったらお名前を書いてください．直接お送りしますよ」と対応しています．すごいのは，それを最初の頃，まだコンピューターが発達していない頃から，こつこつとデータをためて，全部蓄積していたことです．誰がいつどれくらい何を買って，何に使ってくれたかなどの顧客データをどんどん増やして，今や何と45万件のデータを持っています．私が電話すると，電話番号が瞬時にコンピューターの画面に表示されます．私がいつ何を買って，年間の客単価が幾らかがわかります．客単価が高い人に関しては，別にダイレクトメールを送って，新しい商品を紹介することになりました．あるいは，何月何日にクレームをつけたかということが表示されます．これはすごいことです．

みんな馬路村へ視察に行くのですが，コンピューターの顧客管理システムについてはほとんど見ていません．組合長もそういう話は全くしませんが，何度も何度も行くうちに，組合長が「金丸君，これをちょっと見てください」，「ここまでやっているのですか」という話になりました．そういうことでオペレーションセンターの雇用がなされています．今までは農協が市場出荷していたので，価格決定権は農家にありませんでした．そこで自分たちでスーパーとかい

ろんなお店へダイレクトに持っていき，お客さんにダイレクトに販売する．また通販システムを作って，顧客管理をして商品を作っていく．これは質問を投げないと全くわからないです．よくある視察パターンは，2時間コースでいろいろな資料を渡されて，組合長さんが話をして，お茶やお酒を飲んで，さようならというパターンです．私たちの合宿は1泊2日で組合長さんも大変ですが，2日間組合長も時間をとってもらい800本の質問に答えなければならないという合宿をさせていただきました．

　視察できるように，工場がオープンになって，ガラス張りで中が見られます．工場はフローリングになっています．なぜかというと，せっかくだから，使われない地元の木材を全部使うことにしました．ユズを通販で送っています．そのときに使っているのが，お隣の愛媛県今治のオリジナルタオルです．これも，中国にどんどん安いタオルを作られたため，今治のタオルが全然売れなくなってしまいました．ゆず通販の商品に緩衝材を入れるとごみになってしまうため，地域連携してタオルでくるんで，お土産として愛媛県今治のタオルが入っているようにしました．スタッフのお母さん方は，みんな三角巾をしてエプロンをしています．衣装デザイナーが入っていて，エプロンのデザインが全部違います．ここの組合長はお祭りが大好きで，視察がいっぱい来るので，見られるお母さんをつくろうと，おしゃれにデザインしていくことも考えています．

　多くの質問をしながら，あるものをうまく使っていくことによってパーソナルができるということが分かりました．自分たちで，製品を作るというときに，工場を用意し補助金を取ってきましたが，最初から取れたわけではありません．小さいものが少しずつ売れてお金になって，やっとそこまで来たということは，足元の小さいことからこつこつと行っていき，それが消費者ニーズに合っているかどうかから始まっていくことがわかるわけです．そういう内容の合宿をしました．

②　長崎県大村市

　その合宿ですが，長崎県大村市農産物販売交流施設「おおむら夢ファーム・

シュシュ」でも行いました（**写真2.3**）．ここは長崎県の中央部で，長崎空港から15分ぐらいのところです．大村市は合併して人口が9万5,000人ですが，1970年からずっと人口が増えており，全国でも珍しいところです．

　この「おおむら夢ファーム・シュシュ」は中山間地で，標高100mぐらいのところにあり，農村地帯です．そこは，農家がお金を出して作ったジェラート工房です．なぜこのようなものを作っているのか．実は，この辺は果樹類の栽培が盛んで，ブドウとかイチゴとか梨とかを作っています．そこで体験農園を企画しました．イチゴのもぎ取り体験，ブドウのもぎ取り体験や梨のもぎ取り体験です．ところが，秋になってもぎ取りの季節にはお客さんは来ますが，あとの10か月は誰も来ません．閑散としています．しかも，ブドウとか梨とかはちょっと風が吹いたりして傷がつくと，それらは規格外になって農協に出荷できません．傷ついたものはキロ6円にしかなりません．加工用はものすごく安くて段ボール代にもならないため，廃棄処分されてしまいます．

　このような廃棄処分や食品ロスをなくすために，自分たちで加工して，一年中賑わいのある村がつくれないかということで，農家さん7人で1,500万円を出資して始めたのがジェラート工房です．何と20万人ものお客さんが来るようになりました．福岡からやってきた女の子に，福岡でもジェラートはあるのになぜ来たのかと聞いたところ，「農家が育てた果物のジェラートは福岡にはな

写真2.3　長崎県大村市「おおむら夢ファーム・シュシュ」

いので，来てみたかった」と答えが返ってきました．

　ジェラート工房に20万人集まっても，客単価が低いし，滞留時間が短い．そのためにどうしたらいいかということで，横にプリン工房やパン工房ができました．地域には酪農も，養鶏もあります．経済の優等生と言われているミルクも卵も，スーパーへ行くと安く買えるため，酪農や養鶏農家の所得が低くなってしまうので，農家がどんどんやめています．ミルクや卵を高付加価値商品にできないかということで，プリン工房とかパン工房とかをつくりました．そこに小さな直売所をつくって，生鮮三品をそろえました．卵もあれば肉もあれば野菜もあります．山間地でスーパーがありませんから，地元の人がふだん買う日常使いのお店になりました．そのおかげで，たった30坪の小さな直売所で売上げが3億円，全体で7億円の売上げになっています．そして，女性の雇用率が83％です．お母さん方が余ったものをうまく加工して，お弁当にしたり，ケーキにしたり，おまんじゅうにしたりして，付加価値をつけました．ここの30坪の小さい直売所で，1人の平均売上げは150万円です．85歳のおばあちゃんで，185万円という方もいます．そこに経済が動いて，雇用も生まれる仕組みができました．

　ちなみに，コロナ以降も利益が上がっています．生鮮三品がそろっているので，通販で送ってくださいというところもあり，ここで巣ごもり需要のものが全部買えます．生鮮三品をしっかりそろえてコミュニケーションができているところは，コロナ以降でも売上げが伸びているんです．

　この直売所は（**写真2.4**），女性比率は83％です．直売所の販売は，POS管理をしています．1年で1,000万円売っているお母さんもいます（**写真2.4**右下）．左上のお母さんは年商450万円です．価格の決定権はお母さんたちにあります．出荷できない大き過ぎるホウレンソウをミキサーにかけて菓子に練り込んだり，おまんじゅうにしたりして売っています．右側のお母さんは，豚肉にパン粉をつけて，あるいはネギを挿して，そのままぱっと揚げておかずになるものを売っています．POS管理によって，1時間置きにどれが何個売れたかが携帯電話に入ってきます．年間で統計を取ると，朝オープンする10時，11時，夕

商品はPOSで管理
女性比率８３％

写真2.4　商品をPOSで管理

近郊の農園と
連携し地域全体
を観光に繋ぐ

写真2.5　近郊の農園との連携

方の４時によく売れるということが分かりました．そこでたくさん作るのではなくて，必要なものだけを出せば確実に物が売れます．そういうデータを取って消費者に必要なものをそろえていくことによって，女性の所得も上がります．

　この直売所では，**写真2.5**に農家の写真を掲示しています．顔の見える関係を作っています．周りにはまだ農村があって，体験農園もやっています．ここだけで年間49万人の人が集まってきます．周りの農園体験にお客さんが来ないとなったら，この直売所にお客さんを奪われているのではないかと，やっかみも出たりしました．お互いの村で足を引っ張ってもしようがない，手を繋ごうということになって，地図をつくりました．福岡からジェラートを食べにやって来た女の子が直売所を見て，福岡にはもっと立派な直売所がいっぱいあるの

に，ここにはこんなものしかないのと言ったので，「とんでもない．ここは村で楽しめるところですよ」と教えてくれました．向こうに梨のもぎ取りがあって，そこのお母さんのところへ行くと，娘さんがタルトを出してくれますよ，完熟のブドウジュースを出してくれますよ，あるいは公園があってボートに乗れますよと言いました．広域連携することによって，一年中いろいろなところで楽しめる村であるということで，49万人のお客さんが来て，直売所での売上げが7億円になりました．

ここでは宿泊施設がないので，農家民泊も始めました．いろいろな商品を作っており，ビュッフェレストランもやっています．料理の技術があるわけではないので，難しいフレンチとかイタリアンはできません．最初は，簡単だから焼き肉をやろうとしたら，BSE（狂牛病）が流行してしまってお客さんが来ませんでした．うどんとかラーメンは簡単ではないかということで始めましたが，慣れていないため，注文してもなかなか配膳されないため，お客さんに不評でした．ビュッフェ形式にして，よくよく中身を見てみると，そんなに難しい料理はつくっていません．メニューは書かないで，直売所にある肉とか野菜を見て，今日はこういう野菜があるからこれを大皿で出してみよう，これは焼いて出してみよう，これは揚げて出してみよう，これは煮て出してみようとしました．その結果，お客さんが手に取るものと取らないものがあり，そこから振り分けて，今は60種類ぐらいのビュッフェメニューになっています．馬路村がデザイナーを雇ったように，ここにもデザイナーがいます．女の子たちが季節ごとにデザインして，新聞も出しています．名刺にもそれぞれのスタッフのキャラクターが載っています．結婚式も行っています．なぜ結婚式が始まったのか．若い人があまりお金がないから公民館で結婚式をしようということになって，そこに料理が欲しいから料理を持ってきて欲しいという話になりました．もし事故でもあったらいけないので，直売所は料理を公民館へ持って行けません．むしろこの直売所で結婚式をやってみないかということになって，直売所での結婚式が始まりました．法事もしています．そういうことで，直売所ではあらゆるものを組み合わせてやっています．

　2015年から農業塾というものを始めました．当時，団塊世代の定年退職が大きな話題になり，退職したら何をしたいかのアンケートを見ると，第2位が農業をやってみたいでした．本格的な農業というわけではなくて，ちょっと庭で野菜を，自分が食べるものをつくってみたいということでした．そこで農業塾をやってみようということになり，JAのOBの方に農業指導を担当してもらいました．入会費3,000円，1回の研修が2,000円で1か月に1回です．その後は家で実際につくってみるか，あるいは近所の市民農園を借りてつくってみて，例えば苗を買って植えたけれども実がならないのはなぜか，あるいは虫がわいたけれどもどうしたら良いかなど，そういう疑問に全部細かく答えることにしました．野菜づくりの体験塾をやるといったら，一般の人が野菜をつくれるようになれば，直売所の野菜が売れなくなるのではないかと言って，農家から反対がありました．入会費3,000円，1回の研修費2,000円を取って，本気で学んで農業のファンになってもらおうよと言って納得してもらいました．今は細かいアドバイスをするために，10人限定にしています．

　このノウハウが蓄積されたことでどういうことが起こったかというと，大村市がこの体験ができるノウハウを生かして，費用は市が出すのでここで3泊4日のインターンシップをやらせてもらえないかと言ってきました．東京と大阪で市が営業を行ったら，参加したいという人がいました．みんな，本気で農業をやろうと考えている人たちなので，100％就農しています．大村市では，この10年で118人も新規就農者が増え，人口も増えています．これは画期的な取組です．

　「おおむら夢ファーム・シュシュ」では，スタッフでジェラートができたり，おまんじゅうが作れたりというノウハウができたので，ウインナー体験教室，お寿司づくり，ピザづくり，大福づくりなどの体験教室をやってみようと始めました．これがどうなったかというと，この体験を認知症予防でやらせてもらえないかと老人ホームから話がありました．小学校の食育でやりたい，修学旅行で長崎市に行く前に体験したいとか，年間8,000人ぐらいが来るようになりました．実はものすごくおもしろいことがありまして，イチゴ大福体験といっ

て，女性10人と男性10人がそこで出会って婚活をやっています．しゃべりが苦手な人も，自己紹介した後にイチゴを摘みに行ってから大福をつくって仲よくなることで，今までにカップルが35組出ています．田舎で密にならないことから，コロナ時も結構お客さんが来ました．

　ここは宿がありません．せっかくここまで来てもらっても宿がないから，長崎のホテルに泊まったりするということで，私に相談がありました．「民宿をやりたい」と言ったら，お母さんから「嫌だ」と言われました．なぜ駄目かと聞いたら，「あんたの世話も大変なのに，人の世話なんかしたくない」と反対されました．それは，心配ありません．料理なんか出さなくてよいのです．実は，イタリアにはアグリツーズモ，フランスにはシャンブルドットという一棟貸しがいっぱいあります．フランスには4万7,000軒ぐらいあります．イギリスはB&B，すなわちブレックファースト・アンド・ベッドルームですので，キッチンがついていて，ベッドルーム，シャワーがついていて，一切料理を出さないというのがヨーロッパに多くあるのです．

　それを本当にやっているのが大分県竹田市です．すぐ竹田市へ見にいくと，何と料理を出さなくて良いのです．直売所にお弁当を出したりレストランがあるので，料理はそちらで食べたり，あるいはお弁当を買ってきたら良いということで，なるほどという話になって，一気に民宿が9軒増えました．コロナで宿泊は控え目になったのですが，コロナ以前はどうなっていたかというと，日本の本当に日本らしい文化を体験したいということで，中国，台湾の富裕層が来ていました．ここは富裕層だけを狙って，客単価の高い人だけを迎えるということをやっていました．現在，アジアのほとんどの国の人がきています．

　ここも，馬路村から始まった合宿をしました．1泊2日，1人20本の質問で800本の質問が投げられますから，ここの社長の山口成美さんから「何てずうずうしい研修会だ」と言われました．これはどこで買ったんだ，これはどうしたんだ，これは幾らだった，どこに売っているんだ，客単価は幾らだって，いろいろなことを聞かれて，家まで来て家の中を見せてくれとか言われた．こんな研修は初めてでした．しかし，この研修のおかげでスタッフのポテンシャル

がものすごく上がりました．うかうかしていると高知県に全部ノウハウを持っていかれると思ったと言われました．逆に，高知県のお母さんたちからすごい評判がいい．なぜかというと，普通の家も宿泊観光に使えるからです．

　江戸時代から続く鍛冶屋さんで，家が空いているので，農家民泊をしています．客に「鍛冶，包丁づくりを見ますか」と聞くと，包丁づくりなんて誰も見たことがないので，客は「見たい」と答えます．東京のデパートで買うと1万円以上するような包丁が，ここだと名前を入れてもらって4,000円で買えるので，みんなお土産に買っていきます．また，外国人には日本の包丁はものすごくよく切れると評判なので，外国人が泊まりにきて包丁を買っていきます．そういうことが組合せによってうまく出ています．農業というのはただ生産するだけではなく，宿泊とか体験とか加工とかと組み合わせて，それを地域全体に広げることによって，観光につなぐことができます．しかも，難しいことはやっていません．あるものを活かしているのです．

　高知県で合宿を4年間：年3回以上やった後も，私たちは農水省の地産地消合宿というのを大村市で何度もやらせてもらっていますが，ものすごく評判がいいのは，特別なことをやっているわけではなく，あるものをうまく組み合わせて，自分たちに必要なもの，消費者の欲しいものをきちっと伝えるということを細かくやってきたからです．そういうことで，ノウハウの共有化ということを言っているわけです．

　私は，全国1,000か所ぐらいに行っていますが，県とか農水省とか総務省の事業で，合宿して質問を投げてノウハウを連携していくという活動をやらせていただいています．小さい取組み，例えば合宿参加者が20人しかいないと20人だけのノウハウになりがちですが，これをしっかり参加者が学び，さらにメディアに出し本に書いて記録することによって，広くみんなのノウハウが共有化されるという仕組みをつくっています．

③ 長野県南佐久郡川上村

　長野県南佐久郡川上村は標高1,000m以上ありますが，レタス栽培で有名なところです．なぜここがレタス栽培で有名になったか．もともとは，江戸時代に鉱山があったところで，明治時代は鉱物資源が取れなくなって，白菜をつくっていました．朝鮮戦争のときに，アメリカ人がレタスを戦争に持って行って食料としました．それで一気にレタスが日本に広がり，特に高原地の環境がレタス栽培に向いているということで，レタス栽培が川上村から全国に広がっていくことになりました．

　川上村はすごい山間地です．役場が標高1,185mのところにあります．森林率が89％ですが，農家570戸の売上げが2,000万円からあります．1戸当たりの平均耕地面積は2.72haで，他に白菜，ブロッコリー，ニンジン，イチゴなども栽培していますが，地域内での就農率は93.7％もあり，稼げる農家が多くあることで，高齢の人もみんな働ける仕組みです．

　なぜこれがうまくいっているかというと，ケーブルテレビを自分たちで役場に入れたからです．このケーブルテレビの運営は，役場の若い人たちが行っています．レタス栽培には天候，気候がすごく大切で，もうすぐ雨が降るからすぐ収穫しなければ駄目だとかは，テレビの天気予報を見ていても当てはまらないので，気象庁と直接連携して，この川上村の気象データだけを出して朝一番で農家が見られるようにしました．レタスが東京の大田市場で幾らぐらいで売られているのか，大田市場で価格が下がっているから今出荷したら駄目だとか，ケーブルテレビを使っていち早く気象データと自分たちの作物がどのようになっていて，どこで売られて幾らになっているかというところまでを把握した上で出荷しています．このように高単価で売れるという仕組みをつくりました．パンフレットがつくってありますが，**写真2.6**にあるようにレタスも品種がいっぱいあります．私たちが食べているスーパーで売っているレタスはモスバーガーのレタスと品種が違います．その理由は，モスバーガーでは結球が強く硬いレタスは使えないため，やわらかくて均一になるようなものでないといけないからです．川上村のすごいところは，品種研究のために農家の方々がア

41

写真2.6　長野県南佐久郡川上村のレタス

メリカまで行ったことです．レタスにもいろいろな種類がありますが，アメリ
カで研究して，こういう品種があることをテキスト化して販売につなげること
を行っています．このテキスト化につなぐということは，見た目，香り，味わ
い，触感，そしてどんな料理に向くかというところまで特定していくことから，
どこの料理の何に使うかによって品種が変わってきます．そこまでやって川上
村は営業体系をつくっているわけです．

　なおかつ，ここは所得が高いので，6割以上の方が，東京とかの村外の女性
が来て結婚されている人が多いのです．ところが，前の村長さんは，「男はお
金儲けするとろくなことがない．隣町までパチンコに行ったり，競馬に行った
り，お金の使い方が間違っている．ここに文化をつくろう」と言われて，24時
間貸出の図書館や，東京から来た女性の農家のグループに，コンサートや子供
映画会という企画を出してもらって，ホールでクラシックコンサートをしたり
して，文化の醸成もされました．そのことによって若者も定住しています．そ
して，医療体系をしっかりすることによって，早くから保健診療を行っていて，
村民の健康状態は良好で，長寿番付は全国1位です．その理由は，野菜摂取量
が非常に多いからです．国は350g取りましょうと言っていますが，長野県は
390gぐらい取っています．全国平均は290gで，野菜摂取量が少ないと生活習
慣病になることを厚生労働省は言っています．野菜摂取量を多くした上で健康
を守り，長生きで元気な長寿社会をつくるとともに，就業率が高く，生きがい

があって仕事があるから長寿で，しかも所得が高いという仕組みをつくりました．平均寿命において，今は男性の1位は滋賀県で，長野県は2位，一方，女性は長野県が1位になっています．世界的にもトップレベルです．野菜摂取量が多く，高齢者の就業率が高く，健康ボランティアによる自主的な健康づくりをやっています．さらに保健医療活動が非常に活発なので，病気にならないように事前にきちんとチェックして，健康をつくりましょうということをやっています．

④　徳島県勝浦郡上勝町

　徳島県勝浦郡上勝町は，人口1,377名で，100mから700mの山間地にあり，葉っぱビジネスで有名です．（**写真2.7**）さらに，今ここは大学の研修の場所としても有名です．葉っぱが料理のつまになり，何と2億9,000万円ぐらい売り上げています．この山間地で，横石知二さんという葉っぱビジネスで有名になった会社「(株)いろどり」をつくっておられます．

　葉っぱを売ったら儲かるらしいとあちらこちらで言われますが，実は簡単に儲かったわけではありません．山間地で冷害があって，全部駄目になって売るものがないから，横石さんが農家の庭先の野菜をトラックに積んで下の市場まで運びました．気温差があるから，下にネギがないときに上にはあるとか，こっちの季節にないものは，少し時間をずらすことによって，気温とか高度差を使っ

徳島県勝浦郡
上勝町
人口1,371人
標高100mから700m

写真2.7　徳島県勝浦郡上勝町

て，売れるということに気づいたわけです．

　お寿司屋さんに入ったら，寿司に飾ってある葉っぱを見た女の子が，「わっきれいだ．持って帰ろう」と言いました．葉っぱを売ったら儲かるかもしれないと村の人に話しました．「キツネじゃあるまいし，葉っぱなんか金になるわけないだろう」と言われました．葉っぱを市場へ持って行きましたが，全然売れませんでした．葉っぱをうまく使っているのは京都の吉兆らしいというので，裏から吉兆をのぞいていたら，板前に水をぶっかけられて追い出され，家に戻ってきました．奥さんに「何したの」と言われて，説明をした後，葉っぱを売りたいと言ったら，「やめてよ，そんなの」と言われました．奥さんからへそくりを渡されて，吉兆に堂々と入っていったら教えてくれました．ただ葉っぱを使っているわけではなくて，料理を引き立たせる葉っぱを添えていること，葉っぱが目立っては駄目で，葉っぱは季節ごとに全部違うことを教えられました．料理に合ったつまになる葉っぱをちゃんとハウスでつくって，それをコンピュータ管理しています．どのおばあちゃんが幾ら売ったのか匿名でデータを出して，どこの市場で売れたかというデータを全部毎日コンピュータで出して，農家に公開し全体のスキルを上げるという仕組みを取っています．

　また，ここは山間地で，この温泉ではガソリンを外からものすごい高いお金で買っています．そこで，台風で倒れた木材がもったいないので，木材を使って銭湯を沸かせばゼロ円で済むのではないかということで，木質バイオマス利用もやっています．リサイクルも盛んです．ここではごみの処理費が年間1億円程かかっていました．これを，徹底した分別をやってリサイクル率81%以上にすると，それがお金にかわります．（**写真2.8**）に示すように，左のお母さんは，古くなったこいのぼりをバッグにしたり，あるいはカーデガンにしたりして，リユースすることによって商品化しています．これでリサイクル率を高めて，今やリサイクル日本一になっています．鹿児島県の大崎町とか熊本県水俣市も有名ですが，SDGsという言葉がない頃にここまで徹底してリサイクルを行い，地域の経済をつくっています．これをやることで視察が増え，さらにお金が落ちるという仕組みになっています．

リサイクル率
81％

写真2.8　リサイクル日本1（リサイクル率81％）

⑤　大分県日田市大山町

　一番有名になったのが大分県日田市の大山農協です．今は日田市に合併されていますが，人口3,600人の大山町という町でした．これが全国の農村の地域づくり「おおむら夢ファーム・シュシュ」を始め多くの村のモデルになったところです（**写真2.9**）．

　昭和40年頃，東京に農業は要らない，産地を指定してそこから持ってくればいいという政策が取られていました．大山農協は，ここは山間地で特定の作物は多くはできないから，ここにあるものを活かそうということになりました．ここは，クリ，モモ，キノコがあり，干しシイタケは大山町がトップです．原木シイタケの一番おいしいところは日田市です．ここは最上のシイタケがつく

大分県日田市
大山農協
人口3600人

写真2.9　大分県日田市大山町

れるクヌギ，ナラがあるからです．それらを特化して，クリで 1 億，モモで 1 億，キノコで 1 億，ユズで 1 億というように，山でできるもの10品目を 1 本 1 億として，それで10億円に見立てました．それだけでは弱いので，今までの農協出荷，系統出荷で東京に出していたのでは価格決定権が持てないので，自分たちで営業をかけていこうと，福岡のスーパーに営業をかけました．さらに，自分たちのものを買いにここへ来てもらおうと，レストランをつくりました．プロがいないので，一つ一つはお母さんの郷土料理ですが，大皿でいくつも出せばビュッフェになります．これが各地の農村レストランのモデルになって，ビュッフェ形式が農村に広がっていきました．

　村の景観を保っていくために，組合長は何度もフランスへ行かれました．フランスにはシャンブルドットという一棟貸しが 4 万7,000軒あります．そこに田舎のレストランがいっぱいあって，お客さんが海外からも来ているということを知りました．このような村の環境のいいところへ来るお客さんがいるはずだということで，村の風景に溶けこむようなお店をつくりました．

　今や，大山農協はこのような小さい山の中で売上げが50億円あります．金融に頼らず自分たちの農業で経済を作るということで，大分県内に直売所を持っています．大山町の中にも市場とかおしゃれなレストランをつくりました．フランスまで出かけて，向こうのノウハウを習得し，環境をよくしておしゃれな空間をつくってそこにお客さんを呼び込んで，かつ商品を売っていくという戦略を学んで，中山間地の新しい形をつくりました．これが大きなモデルになって，いろいろなところに広がっています．

⑥　三重県伊賀市

　山開地に賑わいを作った 1 つが，三重県伊賀市の伊賀の里モクモク手づくりファームです（**写真2.10**）．ここは標高200mの中山間地域です．スーパーへ行くとわかると思いますが，カナダ産，アメリカ産の安い輸入豚肉が，日本の価格の半分とか 3 分の 2 とかでどんどん売られています．養豚をやっていたこの地域は，経済連や農協がもっと拡大したほうが良いと指導しました．ところ

46

三重県伊賀市
標高600m
伊賀の里モクモク
手づくりファーム

写真2.10　三重県伊賀市・伊賀の里モクモク手づくりファーム

が，自由化で輸入物が入ってくるため豚肉の値段があがらない，設備投資だけでにっちもさっちもいかなくなりました．それではどうすれば良いかということから試行錯誤が始まって，スーパーで直接農家が売ってみることにしました．直接売ったら，地元のお客さんから「あなたがつくっている豚なら買う」ということになって，商品が動くことが分かりました．そういう営業をかけているうちに，大手のハム工場長と出会って，加工したらすごく単価が高くなると聞いて，ハムをつくってみることになりました．ところが，名前がないので全然売れないため大赤字になり，農家からブーイングを受けました．

　一生懸命営業をやっていた時に，PTAのお母さん方から「あなたたち，ウインナーとかハムをつくれるのであれば，一緒につくることはできないのか」と訊かれました．最初は農家も，つくり方を教えたら売れなくなると反対しました．しかし，ハムやソーセージを食べにわざわざドイツまで行っている人がいるらしいという噂を聞きつけて，体験教室をやってみました．ウインナーなんて，スーパーで買うと300円ぐらいですが，このウインナーづくり体験教室は1,400円も取られます．体験しても食べるところがないので，地産地消でお母さん方や子供たちが来て食べる場所をつくって，ここも大山農協と同じようにビュッフェ形式にして，いろいろ食べられるようにしました．今や，売上げが40億円ぐらいになっており，名古屋とか大阪にも出店しています．

　ビュッフェ形式にすると，食べ残しが出ます．このような山の中でせっかく

作ったのに食べ残されたら，処理代もかかります．そこで，全部きれいに食べてくださいねとお願いし，きれいにしてくれた人には，後片づけをするとコインをあげますよとインフォメーションしました．コインは1枚15円で，これをフロントで寄附すると年間400万円ぐらいになるので，環境活動をしているNPOを募集してそこに寄付することによって，環境貢献事業を行っています．こういうことができるんだというので，みんなが協力してきれいに後片づけをするようになり，食品ロスをなくす取組です．

　山の中ですが直売所があり，高齢者の人たちが小さい野菜でも出せるようになっています．イベントでゆるキャラを置きがちですが，あえて農機具を置いています．そうすることによって，子供たちが，格好いいので乗ってみたくなり，農村を見せることによって子供たちが喜ぶという仕組みがつくられています．

　直売所（**写真2.11**）には農産物カレンダーがあります．旬のものがいつどこで取れて，何があるか，POP（店頭広告）も絵が多くわかりやすいです．ここにはデザイナーがいます．右側は2合の豆穀米と言って，黒豆，玄米，大豆，麦などが入っています．健康にいい御飯になっています．左はお茶ですが，奈良県に月ヶ瀬茶というオーガニックのお茶農園があって，そこのお茶が売られており，これが通販でもかなり売れています．

ＰＯＰや展示もわかりやすく

写真2.11　わかりやすいPOP

　山の中にパン工房や宿泊施設があります．専任のデザイナーがいて，山村に魅力を感じて来てもらえるよう，山の中におしゃれな体験のものを作ったりしています．子供たちは，夏休みにここでキャンプをしながら，山の観察をして，それを夏休みの宿題にしています．

2.3　まとめ

　各地で活力を生んだところは，イノベーションをおこしている地域のノウハウを学び，それを持ち帰って，真似をするのではなくてヒントを得て，自分たちのあるものをきちんと生かして，それをうまく見える化して，消費者が必要なものにきっちりマッチングさせて出していくことをすれば，経済が回っていくということをやっています．

　「モクモク手づくりファーム」ではカタログもつくっています．これは一回300万円をかけて，年間4回ぐらい出しているのですが，消費者が欲しいものを物語として出しています．そのことによって通販が伸びています．

　コロナでいろいろ大変だというニュースばかりが流れていますが，コミュニケーションをしっかりして，ものづくりをしているところは，実はコロナの中でも売上げが上がっています．地域側のノウハウの連携こそが，今こそ農業の商品づくり，ものづくりの価値が求められており，これから大きく動くのではないかと私は思います．

第3章
持続可能なまちづくりに向けた住宅団地の再生

長谷川　洋

（国土交通省　国土技術政策総合研究所　建築研究部長）

　住宅団地の定義とタイプ，住宅団地の再生の必要性，住宅団地の再生の進め方，特に生活支援機能の導入の計画論について，お話をさせていただきます．

3.1　住宅団地の定義と住宅団地のタイプ

　住宅団地の定義は，一定のエリアにおいて計画的に開発された住宅地としています．

　なお，住宅団地と一言で言いましても，**表3.1**に示すように，様々なタイプ

表3.1　住宅団地の様々なタイプ

【住宅団地のタイプの例】

開発主体		地方公共団体			UR （日本住宅公団）		民間	
		地方住宅供給公社						
住宅所有形態		賃貸住宅系					持家系	
建て方		集合住宅系					戸建住宅系	
団地タイプ（例）	基本形	公営 住宅団地	公社 賃貸団地	公社 分譲団地	UR 賃貸団地	UR 分譲団地	マンション 団地	戸建住宅 団地
	混在型	公営住宅＋公社賃貸団地 公営住宅＋公社賃貸＋戸建住宅団地 UR賃貸＋UR分譲団地 UR賃貸＋UR分譲＋戸建住宅団地　等						

があります．開発主体に関しては，地方公共団体，地方住宅供給公社，旧日本住宅公団・現在のUR，そして民間といった違いがあります．また，住宅所有形態としては，賃貸住宅系と持家系に大別されます．また，建て方としては，集合住宅系と戸建住宅系に大別されます．これらの組み合わせによって団地のタイプは，表の下に基本形と書いてある通り，左側の公営住宅団地から右側の民間開発による戸建住宅団地まで，様々なタイプに分類できます．

　また，これらの基本形が組み合わさった大規模な住宅団地として発現している場合もあります．例えば，公営住宅団地と公社賃貸団地で構成されている公的住宅団地からUR賃貸住宅，旧公団分譲マンション，民間開発の戸建住宅地が混在している住宅団地など，様々なタイプがあります．この後の章で，3名の先生方から具体の住宅団地での取組についてご紹介いただきますが，それぞれの先生方からご紹介される住宅団地もこのような混在型のタイプのものがあろうかと思います．

3.2 　団地再生の必要性

　住宅団地の再生の必要性についてお話します．計画開発された住宅団地が全国に広がっているということをまず確認します．

　図3.1に示している図は，市場村が5 ha以上の計画開発された住宅団地と認識されている団地の合計面積について，市町村ごとに色塗りをした図です．これは国土交通省が全国の市町村に調査した結果によるものです．図において赤色が計300 ha以上の住宅団地がある地方公共団体になります．調査によると，全国に計画開発された住宅団地は約3,000団地あり，全ての都道府県に存在していますが，特に大都市圏を中心に，各都道府県の県庁所在都市をはじめとする都市部において立地しています．

　次に，住宅団地における再生とはどういうことか，再生の定義づけをします．例えば，マンション再生や都市再生といったように，様々なまちづくりの場面で「再生」という言葉が使われます．「マンション再生」については，建て替

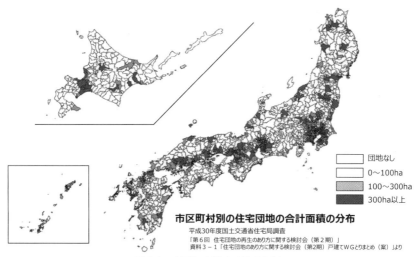

市区町村別の住宅団地の合計面積の分布

平成30年度国土交通省住宅局調査
「第6回 住宅団地の再生のあり方に関する検討会（第2期）」
資料3-1「住宅団地のあり方に関する検討会（第2期）戸建てWGとりまとめ（案）」より

図3.1　全国に立地する住宅団地

えに代表されるような老朽化した建物の改善行為を再生として呼ぶことが一般
的です．また，「都市再生」と言うときには，土地の有効利用，高度利用を図
ることや流動化を図ること，あるいは都市の環境や防災性の向上のために市街
地再開発事業や土地区画整理事業を実施するという都市の面的な空間改善を再
生ということで捉えられがちです．

　一方で，戸建住宅地の再生というのは，そのようなハード面での再生だけで
は十分に捉え切れないものでありません．個々の住宅を建て替えたとして，そ
れで住宅団地の再生が実現するのか．決してそういうことではないということ
です．そこで，私自身は，「戸建住宅団地の再生」とは，「地域住民が主体となっ
て，多様な関係主体と連携しつつ，団地での暮らしやすさや持続性を維持・向
上させるための継続的な取組，ハード・ソフトでの様々な継続的な取組」と定
義しています．

3.3　住宅団地の特徴と現状の問題

3.3.1　住宅団地の現状

これ以降は，主に戸建住宅団地を想定して話を進めます．

まず，住宅団地の特徴と経年による変化を簡単に振り返ります．高度成長期以降の都市部への人口集中の受け皿として多くの住宅団地が開発されました．こうした住宅団地では開発当時，子育て期の夫と専業主婦と子供といった核家族が一斉に入居しました．住宅団地の第一の特徴として，入居当時の居住者の均質性が挙げられます．また，第二の特徴として，近隣住区論に基づく計画開発によるもので，住宅地の中は住宅に純化した土地利用，すなわち空間の均質性という特徴を指摘できます．

3.3.2　住宅団地の現状の問題

住宅団地では現在，時間の経過による社会状況の変化の中で，様々な問題を抱えています．

第一の問題は，人口構成の歪さです．当初入居した第一世代の子供に当たる世代が転出して，第一世代の高齢者のみの世帯が増加し，少子高齢化によりコミュニティの活力が低下してきているという問題です．開発から一定年数が経過した高経年の住宅団地では，特に世帯の流動性が低い戸建住宅団地では，人口ピラミッドで見ると，**図3.2**の③のような状態になっています．60歳以上の層のボリュームが多くなった，いわゆる逆ピラミッド型の人口構成の住宅地が多くなってきていると指摘できます．こうした状況を踏まえて，今のうちに手を打っていかなければ，今後，④のような状態に進み，世帯の消滅が進行することによって，住宅団地の存続危機につながっていくのではないかという危機感も持っています．

こうした郊外住宅団地が大都市圏の中でどのような立地にあるのかをデータでみます．**図3.3**は，首都圏について，高齢化率が全国平均よりも高く，人口移動率が全国平均よりも低い，いわゆる高齢化が進んで人口の移動率が低い住

【住宅団地（戸建住宅団地）の年齢階層の推移のイメージ】

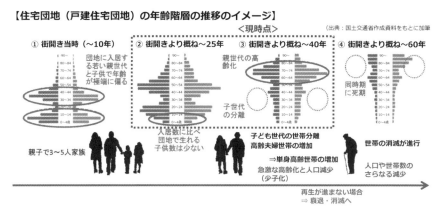

図3.2　居住者の年齢構成の偏り

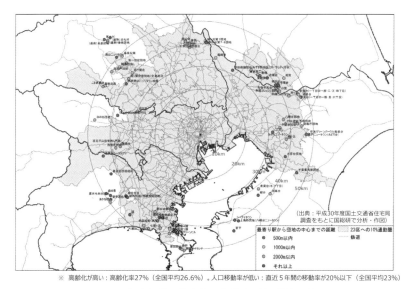

※ 高齢化が高い：高齢化率27%（全国平均26.6%）。人口移動率が低い：直近5年間の移動率が20%以下（全国平均23%）

図3.3　都市郊外に立地する高齢化団地（首都圏）

宅団地をプロットしたものです．首都圏では，東京駅から同心円状に40km圏以遠にこうした住宅団地がきれいに分布している状況が見てとれます．住宅団地をそれぞれ，丸でプロットしており，右下に凡例を示していますが，赤い丸

が最寄り駅から2km以上の住宅地，オレンジが1km以上の住宅地を示しています．

　同様の分析を近畿圏でしたものが**図3.4**になります．近畿圏では大阪駅から20kmぐらいのところに同様の特徴を持った住宅団地が立地しています．

　図3.5が中京圏になります．中京圏は，名古屋駅を中心に15km圏ぐらいからそのような住宅地が現れるという状況です．

　次に，住宅団地の少子高齢化がそれぞれの地域の中でも顕著であることをデータで見ます．計画開発された住宅団地では，その周辺の一般の市街地に比べると少子高齢化が顕著であるという状況を**図3.6**に示しています．左側が30歳代の人口割合，右側が70歳代の人口割合を示しておりますが，真ん中に赤く囲ってあるところがある計画開発された住宅団地を示しています．周辺地域に比べると，島状に少子高齢化が進んでいる状況が見てとれます．

　住宅団地が抱えている第二の問題は，生活利便性の低下です．近隣住区論に基づいた店舗地区の近隣センター地区の衰退や，空き地や空き家の増加，住宅

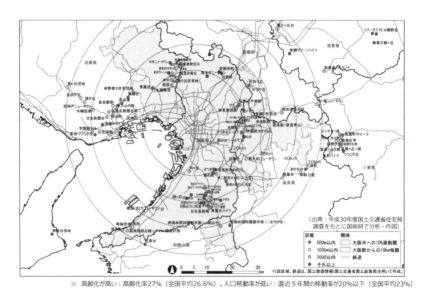

（出典：平成30年度国土交通省住宅局調査をもとに国総研で分析・作図）

※　高齢化が高い：高齢化率27%（全国平均26.6%）．人口移動率が低い：直近5年間の移動率が20%以下（全国平均23%）

図3.4　都市郊外に立地する高齢化団地（近畿圏）

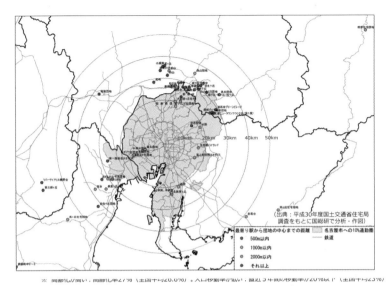

図3.5 都市郊外に立地する高齢化団地（中京圏）

団地の中の小中学校の統廃合，バス便の減少などの問題です．

　店舗地区の衰退について例示します．ある一定の規模を持った住宅団地には
店舗地区が設けられている場合が多いですが，現在，店舗地区の衰退が問題に
なっています．**図3.7**は，ある住宅団地について，住宅地図を定点的に収集し，
店舗地区の中の店舗の業態変化を時系列で分析した結果です．この例で示して
いる住宅団地は，左上に示している通り1976年に入居開始された住宅地です．
ショッピングセンター地区が1983年の時点ではまだ整備されていなかったので
すが，1988年の時点では開発されており，その中には物販店や食料品を扱う店
舗が多く立地していました．しかし，10年後の1998年の時点になると，ショッ
ピングセンター地区の中から物販系，特に食料品を扱う店舗が徐々に衰退して
いき，空き店舗が増えてきています．このとき，住宅地の周辺で何が起きたか
ということを，図の上のところに示しています．住宅団地の北側のエリアに都
市計画道路が開通し，その沿線にスーパーが立地したという変化が見てとれま
す．ちなみに，この住宅団地のショッピングセンター地区は，一中高（第一種

57

データ：平成27年国勢調査、地図出典：国土地理院基盤地図情報をもとに作成（統計データ出典：Esri Japan 統計パック）

図3.6　少子高齢化の進展

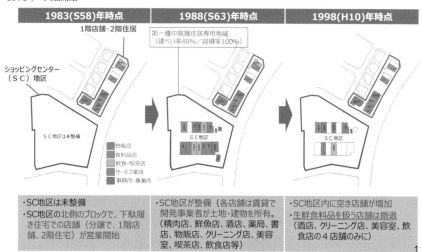

図3.7　店舗地区の衰退

中高層住居専用地域）に指定されているエリアとなります．一中高のエリアというのは，店舗等であれば500㎡の床面積のものまでしか建てられません．一方，この北側の幹線道路沿いのエリアは二中高（第二種中高層住居専用地域）の指定がなされており，1,500㎡までの床面積の店舗が建てられます．都市計画的には，周辺部での車利用に便利なエリアでの大規模なスーパーが立地することで，住宅団地内のショッピングセンターが衰退することになります．さらに10年が経過した2008年時点になりますと，ショッピングセンター地区は商業系の店舗がほとんど無くなって，事務所・事業所系の用途で使われているものが少しありますが，空き店舗が増えています．一方で，幹線道路沿いには様々な郊外店舗が立地するようになってきています．さらにその10年後には，ついにショッピングセンター地区は店舗が全て無くなって，建物も解体されました．

　1つの例ではありますが，住宅地周辺において，いわゆるモータリゼーションの進展に伴って郊外型の店舗が立地することで，住宅団地の中での商業機能が衰退してきている状況がみてとれたかと思います．今後，高齢化がますます進む中で，車を運転することができない高齢者が増えてきた場合，周辺部の商業施設などへのアクセシビリティをいかに確保するのかが大きな課題です．

3.4　住宅団地の再生

3.4.1　再生の必要性

　様々な問題を抱えている住宅団地ですが，その一方で，計画開発により非常に整備水準の高いインフラを有しており，また，広場やオープンスペース，豊かな緑地空間が形成されています．

　こうした住宅団地を今後，コンパクトなまちづくりの郊外居住の拠点として再生していくことが必要であると考えています．

3.4.2　住宅団地の再生の進め方と再生の実現に向けて

　まず，住宅団地の基本的な進め方について説明します．ポイントは3つあり

ます．

　1つ目は，どのような再生を目指していくのかのビジョンや目標を定めて共有することです．そのためには，住宅団地の現状や課題，強みや魅力を把握して，その課題や魅力などを踏まえて持続可能性を確保するためのシナリオを描きながら方針の検討が必要です．

　2つ目は，生活利便性をどのように高めていくのかということです．どのような生活利便機能の導入が必要なのか，それをどのように実現していくのかということです．生活利便機能といっても，施設そのものを誘致して立地させることから，出前型のサービスを導入する，さらには周辺地域へのモビリティを高めるというように様々な考え方があろうかと思いますが，どのような機能の導入を，どのような方法で，どのように実現していくのかを検討することが必要となります．

　3つ目は，担い手の組成です．特に戸建住宅系の団地で問題になるのが，再生の担い手をどのように組織化し，どのように費用を負担しながら，再生の活動を持続させていくのかです．

　こうした観点から住宅団地の再生を具体的に進めていくにあたり，2022年3月に国土交通省住宅局から「住宅団地再生の手引き」を公表いたしました．この手引きの中でも，第2章で，住宅団地が抱える課題と再生の方向性について触れております．また，第3章において，住宅団地再生の進め方ということで，体制を組成して，再生に向けた取組を検討していく考え方について説明をしています．

　なお，この住宅団地再生の手引きについては，国土交通省住宅局と私どもの研究所が事務局となり，様々な地方公共団体や民間事業者にもメンバーとして参画いただいたワーキンググループでの議論を踏まえながら作成しました．中部圏からは，愛知県春日井市にもご参加いただいています．

　加えて，私たちの研究所でも現在，住宅団地の再生に関して研究を行っております．住宅団地の現状・課題や魅力などをどのように評価して再生の目標やシナリオを設定するのか，生活支援機能の導入をそのように計画論として実現

していくのかという観点から，具体の住宅団地でのケーススタディを通じて研究開発を進めております．その結果につきましては，住宅団地再生の手引きを補完する，より技術的なマニュアルとして公表を予定しています．以下では，こうした研究内容に触れながら，再生の考え方について述べます．

3.4.3 再生の目標・シナリオの設定

表3.2は，私どもが現在，研究のフィールドとしている4つの住宅団地を示しています．首都圏から3団地，近畿圏から1団地をフィールドにして研究を進めています．

再生の目標・シナリオの設定に関してですが，住宅団地の再生を考える上で，まず，住宅団地の現状や課題，強みや魅力などをきちんと把握することが大切です．

そのための方法として「団地カルテ」を提示しています．団地カルテについ

表3.2　検討対象の4団地の概要

【検討対象の4団地の概要】

項目		KM団地	KD団地	SD団地	AN団地
所在地		埼玉県日高市 （東京駅50km圏）	東京都八王子市 （東京駅40km圏）	神奈川県横浜市 （東京駅40km圏）	奈良県生駒市 （大阪駅20km圏）
面積		69ha	86ha	75ha	71ha
入居開始時期		1980（昭和55）年	1976（昭和51）年	1975（昭和50）年	1975（昭和50）年
開発事業者		民間事業者	民間事業者	民間事業者	民間事業者
開発手法		旧住宅地造成事業に関する法律に基づく認可	旧住宅地造成事業に関する法律に基づく認可	旧住宅地造成事業に関する法律に基づく認可	開発許可
人口・世帯 ※1	人口	5,011人	5,216人	3,118人	4,615人
	世帯数	2,098世帯 （2.39人/世帯）	2,093世帯 （2.49人/世帯）	1,268世帯 （2.46人/世帯）	1,964世帯 （2.35人/世帯）
	高齢化率	43%	48%	50%	41%
	転入率	11%	9%	10%	17%
立地・地形	地域中心駅	直線約4.1km	直線約3.3km	直線約2.4km	直線約2.9km
	バス便	朝夕：3本／時 日中：1〜2本／時	朝夕：6本／時 日中：4本／時	朝夕：4本／時 日中：2本／時	朝夕：8本／時 日中：3本／時
	傾斜・高低差	北下がり・高低差約72m	北下がり・高低差約34m	西下がり・高低差51m	西下がり・高低差約63m
用途地域		一低層（50/80） 一中高（60/150）※2	一低層（40/80） 一中高（40/100）※2	一低層（30/60）	一低層（40/60） 近隣商業（80/200）※2
地区計画・建築協定		地区計画 ・戸建，一定の併用住宅，幼稚園，保育園のみ可 ・最低敷地150㎡	地区計画 ・長屋，共同住宅，寄宿舎は不可 ・最低敷地160㎡	建築協定 ・戸建，一定の併用住宅のみ可 ・最低敷地165㎡（分割・統合禁止）	なし

※1 平成27年国勢調査（総務省統計局）による　　※2 上段は住宅地区，下段は店舗地区の用途地域

61

ては既に作成しているという住宅団地もあるかもしれませんが，重要な点はカルテを作成すること自体が決して目的ではありません．団地カルテの作成を通じてデータを整理し，それを分析して，団地の現状や課題，強み等を客観的に評価し，それを具体の再生方策につなげていくことが重要と考えています．このため，カルテとして把握する項目やデータの収集・分析手法のひな形を検討するとともに，具体の再生のシナリオや方針の設定につなげていく方法論について検討しています．

　表3.3に，カルテにおいて把握すべき項目を整理したものを示しています．詳細は割愛しますが，居住者特性，立地特性，開発に係る物的特性，さらには，住宅特性，住宅地の市場性等，多様な観点からカルテとして取り上げる項目を整理しています．また，カルテで把握する項目が，どういう利用主体にとって，どのように意味のある項目なのかについての整理も行っています．例えば，自治会に代表されるような地域住民が，自分たちの地域をまず消費者目線で理解するための項目なのか，住宅地の再生を支援する専門家が具体的に分析していく上で必要になる視点なのか，さらには，地方公共団体が住宅団地の再生を支援していくための施策立案を考えていく上で特に必要になる項目なのかといった整理となります．

　次に，カルテの項目の分析で得られた結果を具体の再生のシナリオにどのようにつなげていくのかについてです．住宅団地の再生のシナリオについては，子育て層の流入・定住を促進するためのシナリオ，高齢者のQOLを高めていくためのシナリオ，住宅地における交流人口の確保を目指していくシナリオなど，様々なシナリオが考えられます．それぞれのシナリオに応じて，カルテの項目をどのように使い，分析し，再生内容の設定つなげていくのかという手法の検討を進めているところです．

　一例を挙げると，表3.4は，左側に子育て世帯の流入・定住を促進するシナリオ，右側に高齢者のQOLを高めていくシナリオを考えた場合に，それぞれのシナリオが適している住宅団地とカルテの分析との関係について示しております．表の左側に評価項目を示していますが，それぞれの評価項目について，

表3.3　住宅団地の現状評価（団地カルテの作成）の視点

大項目		評価項目	データ取得※1	項目の主な利用主体		
				住民※2	専門家※3	自治体※4
居住者特性	居住者特性	団地の計画人口・世帯数	○	○		○
		人口・世帯数（変化）	○	○	○	○
		年齢別人口（5歳階級別・10歳階級別等）の変化	△	○	○	○
		人口移動状況（転入・転出超過数）、人口転入率	△	○	○	○
	就業構造	男女別就業者比率	△		○	○
		従業地の構成（自市町村就業者率）	△		○	○
立地特性	立地	立地する自治体の中心市街地からの距離	●		○	○
		最寄りの鉄道駅までの距離	●		○	○
		バスの利便性（朝夕や日中のバス便、バスルート等）	○	○	○	○
	地形	平地・斜面地の別、斜面地の傾斜方位、団地内の高低差	●		○	○
	災害危険性	地震・火災、風水害、地すべり等の各種ハザードマップ上の位置づけ	●			○
	政策位置づけ	立地適正化計画、都市マスタープラン、住生活基本計画等	○			○
開発に係る物的特性	開発諸元	開発主体	○			○
		開発手法	○			○
		開発時期	○			○
	インフラ	道路（幅員・歩道・側溝等）、公園（数・面積等）、下水道等	●		○	○
	法規制	市街化区域内外、用途地域（指定建ぺい率/指定容積率等）	○		○	○
		地区計画、建築協定等（建築可能建物、最低敷地面積等）	○		○	○

※1　○：公表されているデータ、自治会保有データ等で取得可能　●住宅地図の分析や目視調査等をすれば取得可能
　　　△：統計データ等の特別な分析をすれば把握可能　　▲：行政の保有データ等の提供を受けることが必要
※2　地域住民が自己評価をする上で必要となる項目
※3　再生を支援する専門家や事業者等が、再生のシナリオや方針、実現可能性等を検討する上で必要となる項目
※4　自治体が再生を団地の支援方策、支援する団地の優先度等を検討する上で必要となる項目

大項目		評価項目	データ取得※1	項目の主な利用主体		
				住民※2	専門家※3	自治体※4
住宅特性	住宅タイプ・更新	全住宅戸数・全宅地区画数・ビルトアップ率	○	○	○	
		戸建て、マンション、賃貸共同住宅（公共、民間）の割合	●		○	
		住宅の更新率	●、▲		○	
		戸建て住宅の平均的な敷地面積	○		○	
		敷地の細分化・統合化の発生数	●		○	
		高い擁壁上の宅地（前面道路までの段差が大きい）の数・割合	●		○	
市場性	地価等	公示地価	○		○	
		不動産取引価格とその住宅規模	○		○	
		空き家の数・比率、売却・賃貸用空き家の数・比率	●、▲	○	○	
	周辺地域の開発動向	周辺を含めた地域の住宅開発動向	●		○	○
		小中学校の生徒数・クラス数の推移	○、▲		○	○
生活支援機能	近隣センター（店舗地区）	近隣センター（店舗地区）の有無	●		○	
		空き店舗、店舗等の変遷	●		○	
	周辺施設	団地周辺（2km範囲等）における買い物施設、医療施設、金融施設、高齢者施設、子育て支援施設等の立地状況	●			
担い手	自治会	自治会の加入率	○	○		○
		自治会の活動内容	○	○		○
	関係主体	自治会以外の住民活動（NPO・住民グループ等）	○	○		○
		開発事業者、外部専門家の関わり	○			○

※1　○：公表されているデータ、自治会保有データ等で取得可能　●住宅地図の分析や目視調査等をすれば取得可能
　　　△：統計データ等の特別な分析をすれば把握可能　　▲：行政の保有データ等の提供を受けることが必要
※2　地域住民が自己評価をする上で必要となる項目
※3　再生を支援する専門家や事業者等が、再生のシナリオや方針、実現可能性等を検討する上で必要となる項目
※4　自治体が再生を団地の支援方策、支援する団地の優先度等を検討する上で必要となる項目

表3.4　シナリオの適用性を評価する視点（実現する再生目標の設定の視点）(20)

評価項目		シナリオ1：子育て世帯の流入・定住	シナリオ2：高齢者の居住継続・流入
住宅・敷地条件	住宅タイプ	・民間賃貸住宅やマンション（集合住宅）が混在 ・民間賃貸住宅等の立地が可能（土地利用規制上）	・高齢者住宅・施設が混在 ・高齢者住宅等の立地が可能（土地利用規制上）
	価格	・一次取得層に対応した価格帯	・シニア層に対応した価格帯
	敷地面積	・敷地面積が広い（駐車スペース、二世帯住宅化等） ・敷地の分割が可能（土地利用規制上） ・敷地の統合が可能（一定の空き地がある）	・敷地内のアプローチ部分に段差がない ・敷地が広い（敷地内のバリアフリー改修ができるだけの余裕がある）
土地利用規制		・建築物の用途の規制、最低敷地面積・敷地分割禁止の規制、用途地域・高度地区等の規制	
生活環境	施設機能	・地域の子育て機能の充実 ・地域の保育環境、教育環境の良さ ・住宅団地内に子育て機能、多世代交流の拠点機能導入が可能（事業条件上、空間上＝（空き地・空き施設等の種地）、土地利用規制上）	・地域の高齢者施設、買い物・医療施設等の充実 ・住宅団地内に高齢者施設、買い物施設等の誘導が可能（事業条件上、空間上＝（空き地・空き施設等の種地）、土地利用規制上）
	住環境	・公園が多い、歩行者専用道や歩道が整備	・住宅団地内に高低差が少ない（交通による補完） ・公園が多い、歩行者専用道や歩道が整備
	サポート	・自治会・NPO等によるコミュニティ活動 ・親や子によるサポート機能（同居・近居）	
移動環境	自動車	・車での移動のしやすさ（住宅団地へのアクセス道路・周辺道路整備・道路の混雑等） ・駐車スペースの確保のしやすさ	―
	公共交通	・バスの利便性 ・最寄り駅へのアクセス性、最寄り駅の利便性	・公共バスの利便性 ・デマンド型交通等による公共バスの補完機能

20

どのような状況・条件が満たされればそれぞれのシナリオに適しているのかという対応関係を簡単に示したものになっています．このようなシナリオを具体的に設定する方法，カルテからシナリオにつなげていくというところがまず計画論的に重要になってくるのではないかと考えています．

3.4.4　生活支援機能の導入可能性の検討

　次に，シナリオを踏まえ，住宅団地での暮らしやすさを確保するための生活支援機能を具体的にどのようにして導入していくのかについてです．

　生活支援機能が住宅団地に立地可能となる原単位を収集し，その原単位をもとにした導入の可能性を，道筋を立てて検討していくことが必要であると考えています．

　このため，生活支援機能の施設ごとの成立する人口や世帯などの原単位を収集し，具体の住宅団地において，実際にその利用圏内に立地する施設数や，利用が想定される居住人口などを試算して，施設導入の実現性を検討するケース

表3.5　商業機能の立地に係る基本的な原単位の整理（22）

商業機能の業態別の出店条件等

	スーパーマーケット	ドラッグストア	ホームセンター	コンビニ
商圏人口	・圏域2〜5km内、人口2万人以上 ・小型スーパーは、圏域2km内、人口1万人	・圏域2〜5km内、人口2万人以上	・圏域5km内、人口3〜5万人以上	・圏域500m内、人口3,000人
年齢層別構成	・重視するのは、消費に積極的な世帯＝ファミリー世帯（30〜40代／四人家族（子ども二人）。 ・高齢者は消費に消極的で、行動範囲が狭い。 ・高齢者が多い地域という理由で出店しない事業者はいない（年齢層別構成よりも、どれくらいの人が住んでいるかが重要）。 ・開設後のオペレーションで周辺地域の年齢層のニーズに合わせる。			
移動手段別の構成	徒歩、自転車、自動車を中心に考慮	自動車、自転車を中心に考慮	自動車を中心に考慮	徒歩、自転車を中心に考慮
	商圏が広く遠方からの利用者を必要とする業態ほど自動車利用を考慮、商圏が狭くなるにつれ、徒歩や自転車の利用を考慮する			

	スーパー等の移動販売
販売圏域	・販売場所の200〜300m圏域内
利用者数・客単価	・利用者数は20名程度／箇所 ・客単価は千円以上
事業性	事業採算的には成立しにくい（社会貢献事業の色彩が強い）

（出所：商業コンサルタント等へのヒアリング調査をもとに整理）

スタディを実施しています．

　表3.5は，いくつかの商業系施設についての原単位を整理したものです．表の一番上，商圏人口を示しています．例えばスーパーマーケットであれば，2km〜5kmくらいの圏域に2万人程度の人口規模があれば1つのスーパーマーケットが原単位的に立地するという状況を示しています．これがコンビニになりますと，500mぐらいの圏域に3,000人ぐらいの人口があれば1つのコンビニが成立するということです．実際はより詳細な判断での出店が検討されることになりますが，一般論で申しますとこのような条件が基本的な原単位として示すことができます．

　ケーススタディの結果について紹介します．各住宅団地における導入可能な，立地可能性の評価結果を表3.6に○・×で示しています．実際，居住者に調査をして住宅団地内に立地を望む施設を尋ねると，スーパーやコンビニのニーズがやはり高いわけでありますが，商圏人口を充足していたとしても，住宅団地の周辺に競合施設がすでに立地している状況を考慮すると，事実上は立地が不可能という結果になってしまいます．一方，高齢者施設や子育て施設について

65

表3.6　検討対象団地における各生活支援機能の成立可能性の検討結果(23)

	商業施設				高齢者施設		子育て施設		シェアオフィス・コワーキングスペース
	スーパー	コンビニ	ドラッグストア	ホームセンター	高齢者住宅・訪問介護事業所	通所介護事業所	地域子育て拠点	保育園・幼稚園・認定こども園	
KM団地	×	×	×	○	○	○	○	○	×
	×	×	×	×	×	×	○	×	
KD団地	○	○	○	○	○	○	○	○	×
	×	×	×	○	○(△)	○(△)	○	×	
SD団地	○	○	×	○	○	○	○	○	×
	×	×	×	○	×	×	×	×	
AN団地	○	○	○	○	○	○	○	○	×
	×	×	×	×	×	×	×	×	

上段：団地を中心とした商圏人口（○：商圏人口を充足、×：商圏人口に不足）
下段：団地を中心とした商圏内の競合施設の有無（○：競合施設あり、×：競合施設なし）
（△）：商圏人口・競合施設の観点からは成立性があるが、職員の確保が難しい

は，導入可能な住宅団地もありますが，現地での事業者へのヒアリングによると，担い手の確保が郊外部では難しいという課題も指摘されています．

3.4.5　機能複合化による導入実現性の検討と効果

　開発当初に立地していた商業施設が周辺の郊外型大規模店に顧客を奪われた結果，住宅地の中の商業施設が衰退していったという経緯を踏まえると，多くの郊外型の住宅団地では，単一の機能の商業施設を新たに導入することは難しいのではないかと考えられます．こうした住宅団地への施設導入をどのように考えていけばいいのかということですが，1つは，小規模な機能を複合化させていくことで立地が成立する可能性があると考えています．小規模な機能の複合化，それをネットワーク化することによって，身の丈に応じた住宅地の中への機能導入を図っていくことが1つの可能性として考えられます．

　では，小規模な機能を複合化することによって，どのような効果が期待されるのかを実際の事例で見ていきたいと思います．

　1つ目の効果は，利用圏域が拡大です．図3.8の左側は，高齢者施設，子育て施設，スーパー，コミュニティカフェ，地域活動スペース等の複合施設の例ですが，施設の利用者の方にアンケート調査をさせていただき，いろいろな施

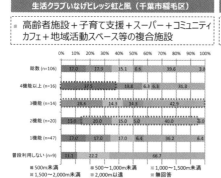

図1 普段利用している機能の数別の自宅からの距離（片道）

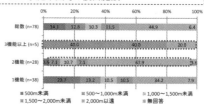

図2 普段利用している機能の数別の自宅からの距離（片道）

図3.8 利用圏域の拡大（利用者調査より）（25）

設の利用状況についてお聞きした結果をまとめたものです．実際に施設を利用されている方に，その施設からご自宅までの距離がどれぐらいあるのか尋ねたものです．縦軸が，複合化している施設で，いくつの機能を実際に利用しているのかということを整理したものです．これを見ますと，1機能よりも2機能，3機能というように利用している機能が増えるにつれて遠方から来られている方の比率が相対的に増えていくということが見てとれます．一方で，4機能以上を使っている方については500m未満という近隣の，近場の方の比率も高まるという状況を示しています．これは，多機能の場合，利用圏域が拡大することに加えて，近場の需要を引き止める，すなわち，他の地域へ流出を防ぐという効果も見てとれるのではないかと考えています．

　2つ目の効果は，近隣の施設に対する優位性です．図3.9は，コンビニ・移動販売，コミュニティスペースの複合施設の例ですが，以前にも同じような施設を利用していたかの有無を尋ねたものです．現在この複合施設を利用している方の半数以上は，以前は同様の施設は利用していなかったということで，地域にこうした複合施設が立地したことで初めて利用しているという層がかなりの割合を占めています．

　一方，以前も同様の施設を利用していたという方について，その施設が現在

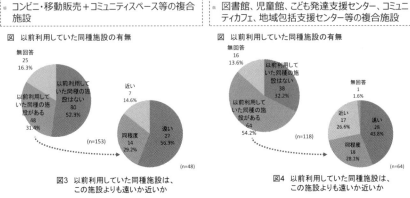

図3.9　近隣施設に対する優位性（利用者調査より）

の施設よりも遠いか近いかということを聞いたのが右側の円グラフで，「遠い」と答えた人が半数近くを占めています．住宅団地内にこうした複合施設が立地することによって，周辺又は遠方に立地している競合施設に対する優位性を確保することが可能ではないかと考えています．

　3つ目は，地域の魅力向上の効果です．図3.10は，地域の中に複合施設ができることによって，地域に住み続ける上での安心感，あるいは住みたいと思うような魅力の創出につながっていると答えられた方が一定の割合で存在しています．

　こうした複合的な機能を住宅団地内に導入していく上で，地域住民が単なる利用者だけではなくて，働く場，生きがい就労の場として施設を捉えることも非常に重要であると考えています．コワーキングスペースと保育所とコミュニティカフェの複合施設の例ですが，ここの利用者にスタッフとして働いてみたいか，ボランティアとして活動に関わりたいかということを尋ねたところ，コワーキングスペースや保育室のスタッフ，ボランティアとして関わりたいと考えられている利用者の方が一定の割合で存在しています．

　このように，住宅団地の魅力を高めていくということを考えた場合には，大

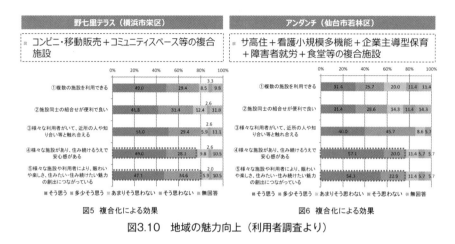

図5 複合化による効果　　　　　　　　図6 複合化による効果

図3.10　地域の魅力向上（利用者調査より）

きな単一機能の施設を1つ住宅地の中に導入するのではなくて，小さな機能を複合化させることが効果的で，導入の可能性が高まるのではないかと考えています．

　小規模複合施設の立地については，店舗地区のような拠点地区にまとめて導入することがもちろん考えられるわけですが，住宅団地の中に点在する空き家や空き地，遊休ストックを有効活用して，小さな機能を住宅団地の中にネットワーク的に配置していくことも考えられます．住宅団地の中に小さな機能をうまくはめていくことによって，居住専用の住宅団地を身の丈に応じた多機能の「普通のまち」に変えていくことが，今後の住宅団地の再生の1つの解決策になると考えています．

　その際のキーワードは，「シェア」です．「空間」，「モノ」，「時間」や，地域住民の「スキル」，そういうもののシェアを図りながら機能を複合的に導入していくことがポイントと考えています．

3.4.6　土地利用規制への対応

　表3.7では，郊外住宅団地の中にストックを有効活用しながら機能を導入していく上で，都市計画的な観点からの問題点を示しています．

表3.7　生活支援機能導入に係る土地利用規制等への対応事例

手法	事例	市町村	事業者	用途地域・規制内容	導入機能
建築基準法第48条ただし書許可	野七里テラス	横浜市	大和ハウス工業	第一種低層住居専用地域	コンビニ
	神戸名谷ワークラボAOZORA	神戸市	パーソルテンプスタッフ	第一種中高層住居専用地域	事務所
用途地域の変更	地域サポートセンターともに	北広島市	社会福祉法人北海長正会	第一種低層住居専用地域→第二種中高層住居専用地域	訪問看護等
	グルッポふじとう	春日井市	高蔵寺まちづくり株式会社	第一種中高層住居専用地域→第一種住居地域	まちづくり会社の事務所
	ひのさと48	宗像市	日の里コミュニティ特定目的会社	第一種中高層住居専用地域→第一種住居地域	宿泊施設、ビール工房、DIY工房
	北野台医療モール	八王子市	クリエイトエス・ディー	第一種中高層住居専用地域→第二種中高層住居専用地域	ドラッグストア、医療施設
地区計画の変更	曽屋弘法地区	秦野市		建築物の用途の制限　5　老人ホーム、身体障害者福祉ホームその他これらに類するもの（延べ面積が200㎡以下のものを除く。）→200㎡以下は可に	デイサービス等（小規模多機能）

　戸建住宅地は，一低層（第一種低層住居専用地域）の住宅団地が多く，こうした用途地域では商業施設の立地などに制限があります．さらに，建築協定や地区計画によって，立地できる用途に制限が課されている住宅団地も少なくありません．

　こうした住宅団地への機能導入を図る上では，土地利用規制の変更についての検討が必要となる場合があります．実際，様々な複合施設を導入するにあたって，例えば，建築基準法48条のただし書許可による特例許可や，一低層の地域をスポット的に二中高にするといった用途地域の変更をした事例があります．また，地区計画を緩和して用途の導入を実現した事例もあります．

　住宅団地内へ機能導入を図る上では，地域のニーズに応じて，用途地域の見直し，特別用途地区を活用したスポット的な用途規制の緩和，建築基準法48条ただし書許可，地区計画の見直しなどの手法を有効に活用していくことも必要です．

3.4.7　モビリティの向上方策の検討

　施設的な機能を導入することと併せて，住宅団地の中で，施設機能へのアクセス性，場合によっては住宅団地の外部に対する移動のアクセス性を高めるモ

ビリティの導入も重要になってきます．住宅団地の状況に応じて，導入するモビリティの種類や，既存のバス路線や鉄道との接続方法等の検討が必要になります．

検討対象にしている住宅団地で実際に高齢者の方にアンケートを取りましても，既に免許を返納された方が1，2割いらっしゃったり，返納を考えている方を含めると，かなりの数の高齢者の方々が運転免許の返納に対して意向を持っています．その一方で，便数の少なさなど公共バスに対する満足度が非常に低い住宅団地もあり，免許を返納した場合の生活の不便さに対して問題意識を持っているが分かりました．

このため現在，いくつかの住宅団地で，**図3.11**に示すような小型の7人乗りの電動カートを走らせる実証実験をしながら，ラストワンマイルのモビリティを確保する手法の検討を行っています．勾配の強い丘陵地に開発された住

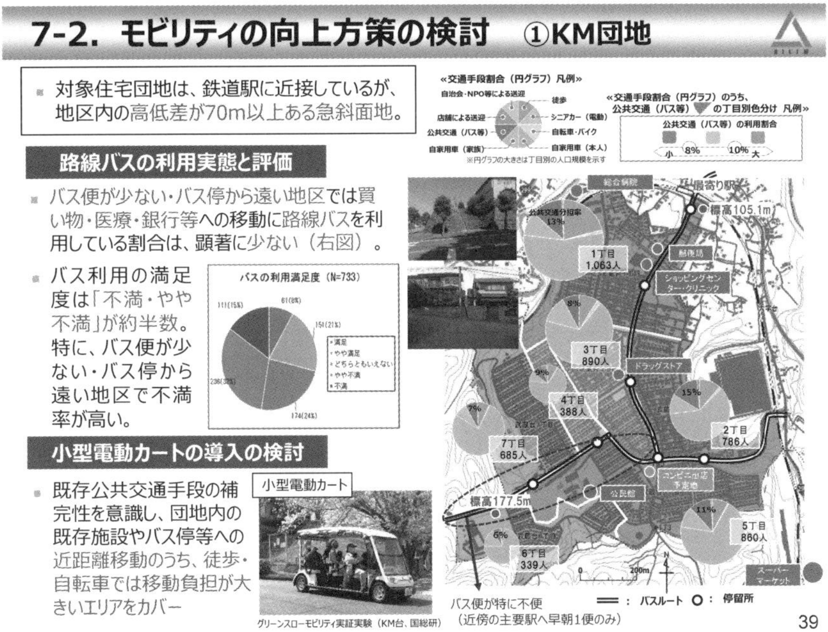
7-2. モビリティの向上方策の検討　①KM団地
対象住宅団地は、鉄道駅に近接しているが、地区内の高低差が70m以上ある急斜面地。
路線バスの利用実態と評価
バス便が少ない・バス停から遠い地区では買い物・医療・銀行等への移動に路線バスを利用している割合は、顕著に少ない（右図）。
バス利用の満足度は「不満・やや不満」が約半数。特に、バス便が少ない・バス停から遠い地区で不満率が高い。
バスの利用満足度（N=733）
満足
やや満足
どちらともいえない
やや不満
不満
小型電動カートの導入の検討
既存公共交通手段の補完性を意識し、団地内の既存施設やバス停等への近距離移動のうち、徒歩・自転車では移動負担が大きいエリアをカバー
小型電動カート
グリーンスローモビリティ実証実験（KM台、国総研）
«交通手段割合（円グラフ）凡例»
自治会・NPO等による送迎
徒歩
店舗による送迎
シニアカー（電動）
公共交通（バス等）
自転車・バイク
自家用車（家族）
自家用車（本人）
※円グラフの大きさは丁目別の人口規模を示す
«交通手段割合（円グラフ）のうち、公共交通（バス等）の丁目別色分け 凡例»
公共交通（バス等）の利用割合
小　8%　10%　大
標高105.1m
公共交通分担率 13%
1丁目 1,063人
3丁目 890人
4丁目 388人
2丁目 786人
7丁目 685人
5丁目 860人
6丁目 339人
標高177.5m
8%　9%　15%　7%　11%　6%
0　200m
N
バス便が特に不便
（近傍の主要駅へ早朝1便のみ）
：バスルート　○：停留所
39
図3.11　グリーンスローモビリティ実証実験

宅団地が多くありますので，例えば，それぞれの住宅から最寄りのバス停や住宅団地中の拠点となる施設まで，どのようなルートで，どのような運行頻度で高齢者の足を確保するのが合理的であるかについて実証実験を通して検証しています．

　ルートの設定に基づいて実証実験を行った結果の乗降ODを示しています．また，電動カートに実際に乗車された方には高い評価が得られています．外出する機会が増えたと同時に，非常に低速度のモビリティですので，歩いている人たちも含めて他の人とのコミュニケーションを取るきっかけになったという評価が得られています．

　このようなモビリティを実装していくにあたって，支払い意思額を尋ねたところ，例えば1回ごとに100円又は200円を払っても良い，月々の定額制にした場合，月に500円又は1,000円を払っても良いという方がかなりの割合で存在することが分かりました．

　今後，実証実験で得られたデータをより詳細に分析をし，分析結果をもとに住宅団地にモビリティ・サービスを導入する計画論を取りまとめたいと思っています．

4　研究成果の公表

　以上説明して参りました研究の成果は，仮称ではありますが，「郊外住宅市街地における生活支援機能導入の手引き」，「郊外住宅市街地におけるモビリティ・サービス導入の手引き」として取りまとめて公表する予定です．

　先ほど紹介した国土交通省で公表している「住宅団地再生の手引き」とあわせて，住宅団地の再生に関わられる専門家の方々に利用していただければ幸いです．

第4章
瀬戸市菱野団地再生の取組み

石川　良文

（南山大学総合政策学部教授　菱野団地再生計画推進協議会会長）

4.1　菱野団地の概要

　瀬戸市菱野団地再生の取組みについてお話いたします．愛知県では，50年ほど前にいくつかの大規模ニュータウンが開発されており，その1つに瀬戸市で1967年頃から造成された菱野団地があります．

　愛知県瀬戸市の中心部，名鉄瀬戸線尾張瀬戸駅から距離にして2, 3kmのところにあり，東部の丘陵地を開発して造られたニュータウンです．4つの地区に大きく分かれていますが，緑地が所々で保全され自然環境との共生ということも1つの理念として造成された開発地です．50年たって，特に県営住宅等の集合住宅でかなり老朽化が進んでおり，順次，建て替えが進んでいますが，これをどう進めていくかが課題になっています．

　菱野団地は，愛知県住宅供給公社によって，瀬戸市南部の丘陵地に開発されました．高度経済成長期の国の経済発展，あるいは愛知県の経済発展に伴い，近隣の名古屋市，春日井市，豊田市のベッドタウンとして計画人口3万人，計画面積173.5haの規模で整備されました．名古屋市中心部から約20kmに位置し，名古屋市から鉄道で約30分，そこからまたバスで10分から15分というところになります．

　この団地は黒川紀章により設計されていますが，同氏によるニュータウンの設計は，神奈川県の湘南ライフタウンとこの菱野団地だと思います．当時，黒

川紀章はまだ30代前半の若手建築家でしたが，大変素晴らしい開発コンセプト
を打ち出しています．まず，大きく「良い環境」，「交通安全」，「便利な生活」
という３つのコンセプトを示し，「良い環境」として，例えば「中央部にある
自然を極力保存する」という自然との共生を謳っています．また，当時モータ
リゼーションの時代にある中で，「交通安全」の観点から，団地内の交通量の
大幅減少を目的として，通過交通が中に入ってこないような設計思想になって
います．さらに，「便利な生活」では，中央部にワンセンター地区という合理
的な配置がされており，各地区に小学校が１つずつ，中学校が全体で１つとい
う教育施設の配置になっています．

　このようにして開発されたニュータウンですが，開発直後の1970年代に一気
に人口が増加しました．**図4.1**は菱野団地と瀬戸市全体の人口推移を示してい
ます．1980年代に約２万人まで菱野団地の人口が増えましたが，その流れは瀬
戸市全体の人口推移と連動しています．この時期の瀬戸市の人口増は，菱野団
地の開発によると言えるでしょう．その後，子供たちが進学や就職に伴い団地
外に出ていき，80年代後半から人口減少局面になりました．子供が抜けても親
世代は残りますので，しばらくの間世帯自体は一定数を保ち，6,000世帯ほど
で推移しています．

　菱野団地は，原山台，萩山台，八幡台という大きな３つの地区に加え，商店
街と高層住宅からなる団地中心部の菱野台に分かれています．**表4.1**に示すよ

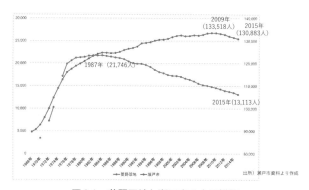

図4.1　菱野団地と瀬戸市の人口推移

74

4.1　菱野団地の概要

表4.1　菱野団地内地区別人口[1)]

2015年10月1日現在の人口

	人口	（戸建住宅)	（共同住宅)	世帯数	世帯当たり人数
原山台	3,818	1,349	2,469	1,716	2.2人
菱野台	523	0	523	229	2.3人
萩山台	3,757	2,002	1,755	1,713	2.2人
八幡台	5,015	2,828	2,187	2,150	2.3人
菱野団地合計	13,113	6,179	6,934	5,808	2.4人

<参考>1982年の世帯当たり人数：原山台3.4人、萩山台3.6人、八幡台3.5人

うに，戸建住宅と共同住宅の人口は，ほぼ半々です．共同住宅は県営住宅と愛知県住宅供給公社の公社賃貸住宅で，戸建て住宅と共同住宅が併存しています．1982年当時の世帯当たりの人数を参考までに載せていますが，現在では単身世帯あるいは2人世帯が多くなっている状況です．

　人口の推移を詳しく見ていきます．50年前にできていますので，50年前に20代～30代だった方が70代～80代になるということで，高齢者が多い人口ピラミッドに移っています．図4.2は，4つの地区の1つ，原山台の人口構成を細かく見たものです．最下段が15歳以下の人口で，これがだんだん減少する中，

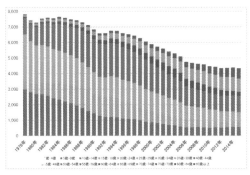

図4.2　原山台の年齢別人口の推移[2)]

一番上は70代～80代で，この層は非常に増えているという人口推移になっています．団地内の住宅は，分譲の戸建住宅と賃貸の県営住宅，公社住宅に大別されますが，分譲の戸建住宅は，実はこの10年ほど人口は一定数を保ち，地区によっては人口が増えているところもあります．一方で，賃貸の県営住宅，公社住宅では，人口が減少しています．少し人口が増えているところもありますが，これは建て替えが済んだ県営住宅です．

萩山台と八幡台についても同じように，分譲住宅は一定数を10年間保ち，県営住宅，公社住宅は人口が減っています．また，中央地区の菱野台は公社住宅と分譲の商店街ですが，ある程度一定数を保っています．これらのことから菱野団地全体の人口減少は，主に県営住宅の人口減に起因していると言えます．

4.2　菱野団地再生のあゆみ

90年代からの顕著な人口減少に伴い，住民の間では危機感があったわけですが，本格的に再生に取り組むということはなかなかありませんでした．そのような中，団地内で最初に開発された原山台の協議会型住民自治組織「地域力向上委員会」が「住民主体のまちづくり」というテーマで講演会を開催し，筆者が団地再生についての話をしました．そうした講演会が開かれるほど，住民の間では再生ということが話題になっていたのです．

行政が団地再生の課題に取り掛かるのは2017年からです．瀬戸市が新しい総合計画をこの年3月に策定し，その中で，「居住の好循環をもたらす施策」というテーマが掲げられました．それを受けて，2017年11月には菱野団地再生計画策定検討委員会が設置され，その1年半後，2019年3月に菱野団地再生計画が策定されました．

委員会が設置された頃から，住民の間で団地再生に向けた具体的な取組みも進みました．高齢化に伴い住民の足の問題が急務だったため，住民が自主的に運行する住民バスの社会実験が2017年7月から半年間行われ，非常に好評だったことから2018年8月から本格運行されるようになりました．

　再生計画の策定後，机上の空論になってはいけないということで，その中心的な担い手として，「未来の菱野団地をみんなでつくる会」という，住民の方々で組織される団体が設立されました．現在，この組織が主体的に様々な取り組みを行っています．また，再生計画の進捗管理を行い，着実に計画を進めていくための再生計画推進協議会が設置されました．

　改めて，再生計画策定のプロセスを説明します．まず，再生計画策定検討委員会の委員構成ですが，私，南山大学石川（南山大学）が会長を務め，学識経験者として鈴木温先生（名城大学），浦田真由先生（名古屋大学），住民代表者として各地区の自治会及び地域力向上委員会の代表，NPO法人及び市民団体の方，また商店街振興組合の他，瀬戸信用金庫，NTT西日本，名鉄バスなどの民間企業が参加しました．その他オブザーバーとして，学識者の井原雄人先生（早稲田大学），瀬戸信用金庫菱野支店，愛知県住宅供給公社，愛知県住宅企画課・公営住宅課も参加されました．このような構成で委員会は計6回開催され，パブリックコメントを経て策定に至りました．

　計画自体は策定委員会だけで検討していくということではなく，並行して住民ワークショップが開かれました．ワークショップには公募住民51名が参加し，この方々が熱心に再生についての議論をされています．その内容を策定委員会にフィードバックし，ワークショップで出た意見も踏まえながら，計画の具体的な内容が検討されました．また，団地内外のいろいろな意見を聞くため，アンケート調査も行われました．団地内では住民アンケートの他，子育て世代や外国人への調査，団地外の意見としては住宅購入希望世帯へのアンケート調査も行われました．

　ワークショップでは，やはり，にぎわい，人と人との交流が必要だということで，いろいろな案が提案され，お試しアクションプランとして，「わいわいフェスティバル」というイベントが開催されました（図4.3）．中央広場でマルシェを開催し，愛知県立芸術大学の先生と学生さんが塗り直してくれたパーゴラとベンチのお披露目，ピザづくり体験，住民バスの特別運行などの他，名城大学鈴木研究室による菱野団地再生に向けた提案などが披露されました．

図4.3　わいわいフェスティバルの様子[3]

4.3　団地住民アンケート調査

　再生計画の策定に際し，団地住民に対するアンケート調査が行われ，約2,500世帯（回収率42.4％）から回答が得られました．教育施設の利便性，自家用車での生活のしやすさ，自然環境の良さ，子育て施設（保育園や幼稚園）の利便性に対する満足度が非常に高いという結果でした．一方で，買い物のしやすさ，駐車場の利用のしやすさ，バス・電車の利用のしやすさ，医療施設の利用のしやすさなどは，不満の割合が高い結果となりました（**図4.4**）．不満の項目は，

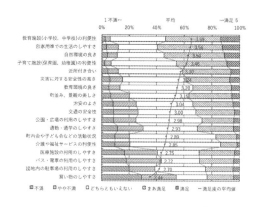

図4.4　住民アンケート調査結果[3]

人口減少に伴い少なくなった小売店舗，医療施設，バスの便数に起因しており，団地の衰退に伴って利便性が下がってしまったことが大きく影響しているようです．中央地区にはもともと大きなスーパーがあったのですが，撤退してしまい，医療施設も医師の高齢化に伴い廃院となり，生活面での利便性が下がってしまいました．また，この団地は，50年前に設計されていますので，自動車の普及がこれほど多くなるとは予測できなかったことも駐車場が足りないという回答の背景にあると思われます．

4.4 菱野団地再生計画

こうした経緯を経て菱野団地再生計画が策定されました．計画期間は2019年度から2028年度までの10年間です．2019年度には計画の主な担い手となる住民団体が組織され，いよいよ大きな取組みを始めるというところでしたが，新型コロナウイルス感染症の拡大がその機運を一変してしまいました．なかなか思うように動かせない中でしたが，それでも，住民の方々，市役所の方々，いろんな方々が積極的にできる範囲で頑張っていただき，再生の取組みは着実に進んでいます．

再生計画の理念，「みんなでつくる，住みよいまち菱野団地」というテーマのもと，再生の5つの基本方針と20の取組み方針が示され，各プロジェクトが進んでいます．まずは，スーパーが撤退してしまったセンター地区を何とかできないかということで，活動拠点の整備が進みました．また中央広場が老朽化して閑散としているので，その改修も進んでいます．エリアマネジメントとしての住民団体が設立したのは先述した通りですが，その団体が主体となって駄菓子屋を運営したり，様々なイベントが行われたりしています．また，もともと住民の方が頑張って運行していた住民バスを継続的に運行していくとか，空き家を利活用するということがプロジェクトとして進んでいます．

5つの基本方針に対し，それぞれの課題を解決するような取組みも順次進められています．この中で，団地内の3つの小学校，1つの中学校を統合して，

小中一貫教育を進めるというものもこの中で謳われています．これは少子化に伴う取組みですが，学校教育は若い世代に住みたいと選ばれるために大変重要なものです．統合によって通学が不便になる以上に統合によって教育効果が得られるような取組みが今後必要になります．

　再生計画が策定され，その計画を具体的に進めるためには進捗管理が必要です．計画策定直後に設置された再生計画推進協議会が毎年開催されており，そこで進行状況を確認し，次に何をすべきかというPDCAプロセスを踏んでいます．コロナ禍でも進めてきたプロジェクトがいくつかあるのですが，**表4.2**は，その主なプロジェクトの進捗状況を整理しています．

　まず，2019年度に「みんなの会」が設立され，この組織がコロナ禍でも大きな役割を果たしました．2020年度からは，活動拠点のあり方を考えようということで順次動き，大学生と住民団体でワークショップを開きながら，活動拠点の家具をDIYでみんなで作っていくという活動をしています．2022年度からは，中央広場が老朽化して閑散としていたため，その改修に入っています．活動拠点や中央広場の改修には，愛知工業大学野澤研究室と益尾研究室，名城大学谷田研究室と鈴木研究室，南山大学石川研究室の教員と学生が大きく関わりました．また，にぎわいを創出するためには，中央広場の改修などハード整備だけではなく，ソフトの施策としていろいろな事業を起こさないといけません．

表4.2　先行プロジェクトの実施状況[4)]

先行プロジェクト	実施状況
1．エリアマネジメント団体の設立	・2019年度に住民団体「みんなの会」設立
2．活動拠点の整備	・2020年度から活動拠点のあり方検討 　（大学生と住民団体によるワークショップ、DIY家具製作）
3．中央広場の改修	・2022年度から中央広場の改修検討 　（大学生と住民団体によるワークショップ）
3．センター地区の賑わい創出事業	・わいわいフェスティバル、キッチンカーイベントなど
4．ICTを活用したプロモーション	・菱野団地HP、facebook・Instagram等のSNS活用 ・かわら版の発行（活動内容や進捗状況の周知） ・大学生によるInstagramで魅力発信
5．親と子どもの居場所づくり	・住民団体による駄菓子屋、多世代農園活動など
6．住民バスの運行	・住民による運行（10人乗りワンボックスカー2台）
7．空き家実態調査	・2020年度に空き家実態調査を実施 ・大学生による団地内空き家リノベーションプラン
8．県営住宅の建替・改善	・愛知県、住宅供給公社、住民団体での意見交換

そこで，わいわいフェスティバルといったイベントや，こういった活動を外の方に知っていただくプロモーション活動，居場所づくりの活動等が進められています．活動の様子は，菱野団地のホームページで掲載したり，「菱野団地かわら版」という紙ベースで紹介し，全戸に配布されています．

4.5 菱野団地住民バス

いくつか，主立った動きを紹介します．1つは，住民による取組み例ということで，菱野団地住民バスです．これは，先ほど説明しましたように，2017年から約5か月間社会実験として運行し非常に好評でした．この社会実験では，群馬大学と群馬の民間企業などが共同開発していたeCOM-8の車両が用いられ，医療施設や買い物の利便性が高まり，主に団地内の多くの高齢者が利用しました．eCOM-8はその愛らしいデザインから住民に大変人気がありましたが，夏の時期での運行は暑さの課題もあり，最終的にはワンボックスカーで運行されるようになりました．

社会実験の結果としては，有償ボランティアの方15人による運行で延べ約5,000人，1日40人の利用がありました．利用目的としては買い物や通院，デイケア通い等が多く，住民の足として非常に利便性の高いものと評価されました．

本格運行時には新たに車両を用意するということで，住民の方々，運行協議会の方々が集まってお披露目をメインとしたイベントを開催しました．車両は2台用意され，子供たちの絵でラッピングし，住民に非常に慕われるバスとなっています（**図4.5**）．

社会実験時は，月1,000人ぐらいの利用でしたが，本格運行後は毎年利用者が増え，2019年には，月によっては2,000人近くの利用となりました．コロナ禍でも，令和2年度は，それに匹敵するほどの利用があり，住民にとっては重要な足となっています．

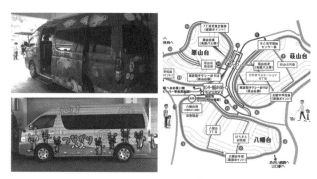

図4.5　住民バス[5]

4.6 市内アーティストによる取組み

　もう1つは，団地の住民だけではなく，団地以外の市内の若いアーティスト
の方々が菱野団地で美術展を行いました．移転した幼稚園の旧園舎や公社の空
きスペースを会場とし，団地内外の方が美術展を楽しみました（**写真4.1**）.

　また，その美術展の開催期間中に，「ひしの夜市－夢天国－」というイベン
トを行ったときには，20代～30代の若い方が非常に多く参加し，まさに夢天国
のような時間を過ごすことができました.

写真4.1　市内アーティストによる取組み例

4.7 大学研究室の教員・学生の取組み

大学の研究室もいろいろと参加しているのが，菱野団地再生の大きな特徴で

す．今回，コーディネーターをしていただいている名城大学鈴木先生の研究室をはじめ，名城大学の谷田先生，愛知工業大学の野澤先生，益尾先生，南山大学の私の研究室も含めて，教員，学生が大勢ワークショップにも参加し，中央広場の改修等の検討をしました．それ以外にも，金城学院大学の先生や学生さん等，ここに書き切れないですが，様々な大学の学生，教員の方々がこの団地を盛り上げているという状況です．

　まず，名城大学の谷田先生が中心となり，拠点づくりとしてのDIYによる家具づくりを進め，ワークショップで学生が実際に家具を作ったりしました．また，中央広場の改修に向けて，愛知工業大学の野澤研究室や益尾研究室が中心になり中央広場の清掃活動をしたり，改修の構想を練ったりというようなことをやってきました（**写真4.2**）．

　私の研究室の学生は建築・土木系ではないので，団地外から見た20代〜30代の居住意向やスマート化に対する意向調査を行いました．菱野団地は，外から見て，魅力的であるか魅力的でないかということを聞いたところ，「魅力的ではない」が「魅力的である」よりも少しだけ多い．しかし，「魅力的である」と回答した人も3割近くいるので，ポテンシャルは高いと思います．もともとこの地区には郵便局，銀行が中央地区にあり，保育園，幼稚園も多く，小中学校や高校も近隣にあります．中央地区の大きなスーパーは撤退しましたが，団地外ですが団地中心部から1km圏内にいくつかスーパーが立地しており，ドラッグストアも1km圏内にかなり多くあります．周辺にコンビニエンスストアも点在しており，利便性は悪くはないです．医療施設もたくさんあります．

  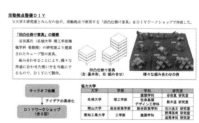

写真4.2　学生によるDIY、清掃活動[6)]

先ほど小中学校の統合の話をしましたが，統合に伴い，団地内の小学校の１つ，原山小学校が廃校になります．ここは駅から直線距離で700mぐらいです．そこから500mぐらいの距離に保育園や郵便局や銀行があって，高校もある．商業施設では，スーパー，ドラッグストア，コンビニもある．医療施設も点在しており，小学校跡地になるところも，ポテンシャルが高いのではないかと思っています．

　そうしたことを踏まえてアンケートの途中で客観的な情報を与えると，菱野団地以外の方々も「魅力的である」という方が非常に増え，特に治安の良さや交通安全，緑が多いというところに魅力を感じているという結果でした．これらのことから団地のPRが非常に重要だということがわかります．広い分譲住宅もありますので，市外の方々から見るとテレワークの可能性もあるなということになります．

　再生するにあたっては，団地内のスマート化についてもいろいろと考えていかなくてはいけないと思います．団地内ではキャッシュレス支払いができない店舗もありますが，キャッシュレスが使えた方がいいとか，病院の待合室で待つのが嫌なので予約アプリを使いたいとか，ホームセキュリティサービスがあるといいとか，バスの現在地や何時に来るかわかるアプリがあるといいとかいったものが，菱野団地以外の20代〜30代の方からすると利用したいスマートサービスになるようです．

　私の学生もそのPRを少し担わせていただき，主にインスタグラムを利用した団地の情報発信を行いました．その結果，多くの20代〜30代の若い方々に情報が発信でき，団地の魅力を知ってもらうことができました．

　学生に実際に地区を回ってもらったところ，大きな印象としては，やはり50年たった県営住宅で劣化が著しいところもあり，これに関する意見が一番多くありました．そういった問題に対し，何とかならないのかなという思いがあり，学生が若い目から団地再生のために必要なことを提案しました．

4.8 空き家の状況

空き家の状況については，再生計画推進協議会で，毎年確認しています．人口は残念ながら減少していますが，戸建て住宅の空き家率は実は高くありません．戸建住宅の空き家率は2015年当時でも2.6％で，2020年に調査すると0.91％と，ほとんど空き家がない状態です．一方で，県営住宅の方は人口が減少する中で，2015年の空き家率が22％くらいあり，2021年には33％と増加しました．県営住宅の約3分の1が空き家ということになります．こういった課題をどう解決していくかが大切になるかと思います．県も一生懸命頑張っていただいていると思いますが，建て替えも一部のところで進んでいるものの，建て替えが進まず老朽化が激しい県営住宅も多く，課題になっています．

4.9 菱野団地再生の手がかり

全体を見てますと，いろいろなイベントを開催して，ソフトの施策を展開する等，菱野団地の再生は住民の力によるところが非常に大きい．また，団地内の住民だけではなく，いわゆる関係人口と言って良いかと思いますが，大学の研究室，学生も多く参画している．DIYやワークショップをやっても，50人規模でワークショップが開かれるということも多く，学生も大きな力になっています（**図4.6**）．さらに，菱野団地以外の若手のアーティストの方の活動もあり，そういった関係人口が再生の機動力にもなっています．また，市役所もこの課題をしっかり捉えて積極的な取組みを行っているので，そういったいろいろな方々の協力のもとで再生が進めばと思います．

振り返ってみますと，戦後の非常にエネルギッシュな時期に若い方々が全国の団地に入って，そのエネルギーで経済の振興というものが図られたと思います．計画的に造られた人工都市が団地あるいはニュータウンであり，そういった新しい人工都市においては，効率的で機能的な観点が重視されるわけですが，黒川紀章は，「自然と人間」，「共生」という概念を取り入れて，湘南のライフ

大学研究室の教員・学生の取組み		
名城大学	鈴木研究室	（現状分析、人口推計、再生計画の提案、各WS参加）
名城大学	谷田研究室	（活動拠点WS、中央広場改修WS参加）
愛知工業大学	野澤研究室	（空き家利活用方法提案、活動拠点・中央広場改修WS参加）
愛知工業大学	益尾研究室	（空き家利活用方法提案、活動拠点・中央広場改修WS参加）
南山大学	石川研究室	（意識調査、SNS情報発信、各WS参加）
金城学院大学	畠山研究室	（キッチンカー出店）

図4.6　大学研究室連携によるワークショップ、DIY

タウンとか菱野団地の設計をされた．それから半世紀を経て，これからは次の半世紀をつなぐ瞬間であります．

　自然へ究極的に介入するというのが団地の造成であり，そしてそこに人が入ってくるということで，それを無駄にすることなく未来へつなぐ．そういう転換期に今あるのではないかなと思います．次世代の人たちにつなぐ責任が私たちにあり，私も再生計画の推進協議会で何とか前に進めていきたいと思っています．

引用・参考文献

1）https://www.stat.go.jp/data/kokusei/2015/kekka.htm
2）https://www.city.seto.aichi.jp/bunya/renkubetunenreibetudanjobetujinkou/index.html
3）https://www.city.seto.aichi.jp/docs/2019/01/17/00012/files/saiseikeikaku.pdf
4）https://www.city.seto.aichi.jp/docs/2023/03/23/00079/00079.html
5）https://www.city.seto.aichi.jp/docs/2020/03/30/00035/index.html
6）https://www.city.seto.aichi.jp/docs/2021/05/10/00069/files/dai4kaisiryou16.pdf

第5章
首都圏遠郊外住宅地における地域再生

室田　昌子

（東京都市大学名誉教授）

5.1　はじめに

　首都圏の遠郊外の住宅団地の再生という，お話をさせていただきます.

　本章でご紹介する事例は，第3章，第4章と異なり，戸建て住宅が中心です. 民間が開発した戸建て分譲地は全国に数多いですが，本事例は多様で活発な地域再生活動が行なわれており，外部組織や周辺地域の団体と連携し様々な実験的な試みをやっています. 住宅地の再生には，地域特性に応じた多様な試みの積み重ねが重要と考え，紹介します.

5.2　分譲型戸建て住宅地の特徴と課題

5.2.1　分譲型戸建て住宅地の特徴

　住宅団地と聞くと一般的には集合住宅団地のイメージが強いと思いますが，5 ha以上の開発国土交通省の住宅団地リストで見ると全体の51％は戸建てのみの団地です. **図5.1**は，開発面積別の住宅団地数と戸建てのみの団地数の合計数ですが，規模が小さくなると戸建てのみの住宅団地の比率が高くなる傾向があります.

　戸建て住宅団地は，集合住宅団地と異なり，ほとんどが個人所有の私的財産ですので，管理組合がないところがほとんどであり，管理修繕方法も売却や建

開発規模別住宅団地数と戸建てのみの団地件数

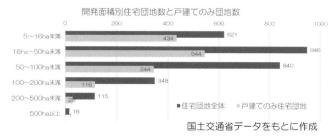

図5.1　開発面積別の住宅団地数と戸建てのみの団地数の合計数

て替えも基本的には個人が行います．従って地域全体として適切な維持管理が実施されているかどうかや，売却や建て替えによる今後の地域の姿を決定づけるのは個々人に委ねられてきました．インフラ等が整備されているこれらの地域に，行政も積極的な介入がしにくく，戸建て住宅団地の問題がこれまで先送りにされてきました．

　現在多くの戸建て住宅団地で空き家化，管理不全化，店舗の閉鎖やバスサービスの減便，保育園や幼稚園の閉鎖，医療や福祉施設の不足，小中学校の統廃合が進み，高齢者の生活の継続が不安視され，若年層や子育て世帯の円滑な住み替えが難しくなっています．環境の優れた戸建て住宅地はたくさんありますが，良好な住宅ストックを次世代に継承していくことが困難な状況になりつつあります．

　表5.1に，分譲型戸建て住宅地の特徴と課題を示します．分譲型戸建て住宅地は，初期段階は比較的都心部に近い場所に立地していましたが，次第に遠方に拡散していき，80年代〜90年代には都心部からの距離も40km，50kmという遠郊外型の住宅地が増加しました．1960年代から1990年代までは規模の大きい開発が行われましたが，90年代後半以降は開発件数の減少と開発の小規模化が進み，2000年代以降はさらに小規模な戸建て住宅の開発が中心となりました．戸建て住宅はどこも同じように捉えられがちですが，開発年代による違いが大きく，さらに事業手法は，新住宅市街地開発事業，旧住宅地造成事業，土地区

表5.1 分譲型戸建て住宅地の特徴

分譲型戸建て住宅地の特徴と課題

区分	特　徴	課題
立地	・郊外地域に立地 ・都心部に近い方、駅に近い方が古い開発が多く、年代が下がるとより遠方に拡散	・新しい開発ほど利便性が下がるため、今後、再生に苦慮する地域が増加
時期	・1960～90年代にかけて大規模開発 ・小規模開発はその後も継続	・空き家空き地が進行する一方で、スプロール化が進行
事業手法	・旧宅造、土地区画整理事業、開発許可宅地造成など	・事業手法、規模、立地、事業者などにより環境レベルが異なり、抱える問題が多様
インフラ・公共施設	・道路や公園緑地などが充実している地域 ・小学校や幼稚園、行政サービスのある地域 ・電線地中化した商業エリアのある地域	・道路、上下水道の老朽化 ・公園緑地の放置・荒廃化 ・小学校・幼稚園などの閉鎖 ・バスの減便、廃止
土地利用	・住機能の用途純化 ・センターエリアの店舗・サービス施設 ・丘陵地の開発が多く、階段や坂が多い	・自宅近所に生活サービスがない ・店舗・サービス施設の撤退 ・高齢者・子育て世帯が安全に移動できない
ルール	・地区計画、建築協定、緑地協定などにより環境や景観を保全する地域	・用途の多様化が困難 ・最低敷地や緑化などを見直すと環境レベルがダウンするという懸念 ・緑の管理が不十分
住宅	・ゆとりのある住宅、庭、駐車場 ・玄関前に階段・バリアが多い ・成長した樹木や生垣のある地域	・高齢者や子育て世帯でダウンサイズを望む声 ・高齢世帯ではバリアフリー化が必要 ・緑の管理が行き届かない ・老人ホームへの移転や相続しても居住しないケースが多く空き家化が進む

画整理事業や開発許可など，一団地の住宅施設による開発があります．事業手法や規模，事業者によっても環境レベルが異なり，インフラの作り方やゆとりの持たせ方なども違い，立地条件やコミュニティの観点も加えると，それぞれの住宅地が抱える問題も異なります．

5.2.2　直面する課題

　大規模な開発は一般的に良質なストックが多いですが，それでもインフラの老朽化，小学校の廃校化に加え，公園が放置されて防犯上，防災上も問題が生じる空間になっています．土地利用については第一種低層住居専用地域が広く指定され，静かで落ち着いた住環境を形成していますが，一方で，もともと自宅の近所に生活サービスが立地しておらず，さらにセンターエリアなどにあった店舗やサービスが閉鎖し，生活をしていく上で必要な施設が近所に全くない地域が増えつつあります．丘陵地の開発も多いため，階段や坂が多く，一方でバスの減便や廃止により，高齢者にとって外出が難しくなりつつあります．現

在，郊外住宅地は急速な高齢化が進んでおりますが，住民はこのような生活上の不安を抱えています．

　新しく越してこられる方々にとっても，利便性が低く近所に生活サービスのないことや，急傾斜地でベビーカーの問題や子供の安全上の懸念から，むしろ新しい小規模住宅地に住みたいという希望もあります．以上のような理由から，空き家化の進む住宅地がある一方で，小規模な新しい開発が進むといった矛盾も生まれています．この結果，現在の住宅地が一世代限りになってしまうといった懸念が生じ，住民から自分たちの土地に対する不安の声が上がっています．

　地区計画や建築協定，緑地協定などのルールは，環境保全，景観保全という観点から策定されていますが，住宅面積や敷地規模が大きくて管理し切れない高齢者や，あるいはダウンサイズや庭の緑の縮小を望む子育て世代の声があり，地区計画などの見直しの要望があります．しかし，これはせっかくの良好な環境が悪化し，その結果として地域としての最大の魅力を失ってしまうといった問題もあり，良好な住環境づくりとの両立を目指すための検討が必要です．

　空き家化については，2015年に空家特措法ができ，その後も空き家空き地問題に対する多くの制度が設けられ，それらを踏まえて各自治体で多様な対策が進んでいます．基本的には所有者責任であり，個人が自宅に対する責任を果たすことを，行政としてどのように適切に担保できるかが問題になっています．

5.2.3　地域再生の進め方の観点

　住宅地内の道路，公園，上下水道は各自治体の担当部局で整備や管理を実施し，住宅の建設や建て替え・管理は個人が行い，さらに，自治会やボランティア団体等でまちづくり活動をしてきました．すなわち，それぞれの住宅は個人責任で，インフラは各自治体等の行政責任で，それ以外の問題はソフトの問題でありボランティアで住民と行政が協力して維持管理や問題解決を行う．これで特に問題はありませんでした．

　しかし，この体制では前述の多様な地域課題への対応が困難な状況であり，今や深刻化しつつあります．老朽化や空き家化が進み地域としてのランクダウ

ンが起こり，このままでは高齢化対応や円滑な次世代継承が難しいという状況に直面しています．これに対し，住民個人では対応できず，行政も十分な予算や人材を確保できず，自治会や住民団体も，問題が複雑かつ資金が必要なケースも多くボランティアで対応できる範囲を超えています．

老朽化対応や次世代継承には，地域の再生を行い現代社会のニーズに即したバージョンアップが必要ですが，そのためには，これまでの担い手や体制では困難であり，新たな体制や仕組みが不可欠になります．

活動スタイルは，現在居住している住民が自分たちのできることややりたいことで地域の将来に役立ちそうなことを行うスタイルであり，自治会のように当番制で行うスタイルでは必ずしもありません．地域の課題解決や魅力づくりに向けた活動を積み重ねることで活動を発展させ，目標に近づくといった活動スタイルといえます．従って，地域課題や目標の共有は重要です．現在住んでいる住民の生活の延長に将来があるわけですが，現在の居住者のニーズに加えて未来の居住者（若手の住民）も含めたニーズを考えることが重要です．

担い手としては，これまでの自治会や住民団体に加えて，新たな担い手が必要です．まずは，住民がやりたいことや得意なことができる場づくりが必要と考えます．自分が好きな活動が，地域の課題解決にも結び付くということが重要であり，結び付けるためには，オープンに参加でき建設的な意見交換のできる場が必要となります．このような場を設けて，工夫し合うことにより新たな担い手を増やすというプロセスです．

ただし，地域として持続するためには，利益を生み出し資金を回して発展的・継続的な活動のできる担い手も必要であり，ビジネス化という流れは重要かと思います．地域のことはボランティアでやるべきといった既存の価値観から脱却する必要がありそうです．

ビジネス化については，1つはソーシャルビジネスであり，例えば，現在，空き家の活用や地域管理などでユニークな事業が各地で活発化しています．また，これまでは住宅地は「保全」が重視されており，不動産・住宅企業がまちづくりで必要とされる機会はありませんでしたが，地域の良さを生かして調和

のある住宅の建て替えや空き家の再生，使用されていない公共施設の利活用など，地域全体のバージョンアップに関するニーズがあり，個々の建物や土地だけでなく「地域」という視点を加える必要があります．撤退されたサービスや新たな生活スタイルに向けたサービスの構築についても，企業の活動は重要です．これらはまだ発展途上であり，どのようなサービスが可能かについて模索中のものも多く，住民の意見やニーズを把握しつつ実験する，所謂「リビングラボ」のような活動も行われています．

　以上を踏まえて，只今ご紹介した地域再生の観点から，①地域課題や目標に関する地域ビジョンづくり，②多様な住民による地域の魅力づくりに関わる活動の積み重ね，③開発ディベロッパーを中心とした企業や大学などの連携による実験的な活動，④多様な活動のプラットフォームの形成といった活動を実践している事例をご紹介したいと思います．

5.3　千葉県季美の森住宅地の事例

　千葉県季美の森の住宅地は，販売開始は1993年ですので，最初の入居から約30年経過した戸建て住宅地です．開発規模は200ha弱，２つの市にまたがり，東京駅から約50kmです．最寄り駅のJR外房線大網駅から直線距離で約５kmあり，利便性は低い地域になるかと思います．

5.3.1　住宅地の特徴

　用途地域は，第一種低層住居専用地域が最も広く，幹線道路沿道は第一種中高層住居専用地域ですが，別途，地区計画で10mの高さ規制をかけています．センターエリアは準工業地域，スポーツ施設は第二種住居地域に指定されています（**図5.2**）．地区計画として，東金市と大網白里市でそれぞれ南地区と東地区として，２つの地区計画が策定されています．住宅地区は，最低敷地面積や住宅以外の用途の規制，生垣や植栽などが定められており，良好な景観の広がる地域になっています．

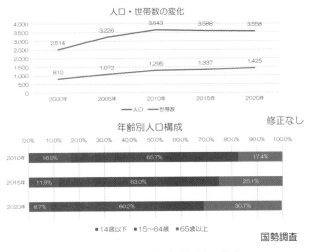

図5.2　人口の推移と年齢別人口構成

　都市計画マスタープランでの位置づけとして，大網白里市では，新住宅市街地として市内に5団地ある住宅団地の1つに位置づけられ，方針として「低層住宅を主体とした良好な居住環境の維持増進」（2009年3月）とされています．東金市は，「地区計画制度の適正な運用により維持保全を図るとともに，必要に応じて適切な見直しをする」（2021年3月）とされています．両市ともに立地適正化計画はまだ策定されておりません．

　図5.2に，人口の推移と年齢別人口構成を示します．人口は2010年以降は微減ですが世帯数は増加しており，また10年間で急速に高齢化が進んでいることが分かります．

5.3.2　地域将来ビジョンの検討

　地域の将来ビジョンについて，住民同士で具体的な方向性を検討しました．自治会連合会が主導しワーキンググループを設置して，メンバーとしては，公募の住民，自治会の役員，ディベロッパーなどです．2014年から2015年の2年間でディスカッションをし，案の段階で全住民を対象にアンケート調査を実施

し多様な意見を集め,完成したビジョンは住民に全戸配布で広報し,ホームページなどにも掲載しました.

　アンケート調査は自治会連合会の支援の下に,本研究室で実施しましたが,回収率が93％と極めて高く,自治会の活発さと住民の地域への関心の高さが分かります.調査内容は,ビジョンだけではなく,地域に関する評価,地域活動への意欲,日常的な外出行動などを把握し,調査結果は全戸配布しました.

　表5.2に,将来ビジョンの前提となる本地域のSWOT分析を示します.地域の内部環境と外部環境についてそれぞれプラスとマイナスを示し,この地域の強み,弱み,機会,脅威について集約します.「強み」は,大変良好な住環境や緑豊かな整った街並み,ゴルフ場を取り囲むユニークな環境,地域活動が活発で,趣味・スポーツの活動やお祭り・イベントなど多様な交流機会があること,幼稚園や小学校があり,スーパーやコンビニ,歯医者や内科・外科のクリニック等の施設が一通りあることです.一方,「弱み」は,都心部への利便性が低いこと,バス便が少なく駅が遠いこと,飲食店の少なさや地域全体の交流拠点がないこと,空き家を含めて利用頻度の少ない住宅が全部で90軒程あることです.「機会」としては,周辺に豊かな農業・自然環境があること,近接し

表5.2　地域分析（SWOT分析）

	プラス	マイナス
内部環境	**強み** ①ゆとりのある良好な住環境 ②緑が多く、優れた街並み景観 ③良質な道路・歩行空間 ④広い公園やオープンスペース ⑤幼稚園と小学校が立地 ⑥ゴルフ場を囲むユニークな環境 ⑦地域活動・祭りが活発 ⑧スーパー・コンビニ・スポーツ施設やクリニック等が立地	**弱み** ①都心部からの距離がやや離れている ②交通：駅から数kmあるがバス便が少ない ③店舗、飲食店が少ない ④地域交流拠点施設が不足 ⑤小学校の廃校化への懸念 ⑥空き地・空き家あり
外部環境	**機会** ①周辺の自然環境が豊か ②水田・畑・果樹園などが多い ③近隣に2つの大きな病院あり ④九十九里浜まで車で20〜30分 ⑤成田空港まで車で40分ほど ⑥車で20分以内には大規模スーパーが3件ほど ⑦周辺での多様な地域活動	**脅威** ①耕作放棄地や荒れた森林の多さ ②空き家・空き地・空き店舗の多さ ③周辺地域の人口減少 ④周辺は狭隘道路が多い。 ⑤当住宅地との環境・コミュニティ等で差異が大きい

て地域中核病院とリハビリテーション病院があること，大規模スーパー，九十九里浜や成田空港への近さなどがあります．「脅威」は，周辺に耕作放棄地や荒れた森林が多いこと，空き家・空き地・空き店舗が多いこと，人口減少が進んでいること，周辺地域から異質な地域と認識されていることなどがあります．これらの「強み」や「機会」を生かし，「弱み」や「脅威」をも生かす方法を考える必要があります．

　居住地の選択理由については，「景観が美しい」，「自然環境が豊か」，「地域内の緑が豊か」は４割以上の住民が挙げており，この地域の重要な資源を守るためには，この意識は住民で共有すべきものです．定住意識は，各世代で概ね７割を超えていますが，住み替え理由としては，「老後の生活不安や日常生活が不便」，「通勤・通学が不便」，「住宅や庭の管理が大変」などが挙げられております（**図5.3**）．地域内の豊かな緑を評価する一方で，その管理の大変さが住み替え理由としてあがっており，このような意識は他の郊外住宅地でも見られます．緑豊かな郊外住宅地の魅力をどのように維持管理をするかは多くの郊

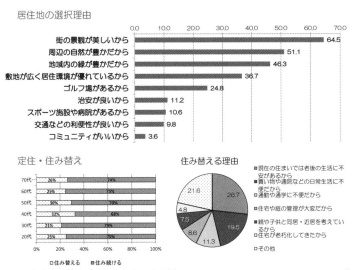

室田研究室・自治会連合会アンケート調査（1353件回収、回収率93.1%、2015年3月実施）

図5.3　アンケート結果（居住地の選択理由、定住・住み替え、住み替える理由）

95

外住宅地での重要な課題です.

　将来ビジョンとしては,「進化する季美の森」というキャッチフレーズで,①コミュニティ拠点づくり（スポーツ施設の活用やコミュニティレストラン,コミュニティオフィスの設置など）,②高齢者の安心づくり（生活支援,モビリティサービス,医療施設連携など）,③子育て世代の育児環境（地域ぐるみの子育て支援,遊び場,学習支援や体験学習など）,④空き家パトロール・活用（民泊,シェアハウス,託児所付きシェアオフィスなど）,⑤周辺農村連携（農業体験,朝市,コミュニティファームなど）という,５つのビジョンが作成されました.このビジョンは,地域資源を活用しつつ,地域の魅力をアップさせ,多様な世代の住みやすさを実現することが目指されています.

5.3.3　地域再生・魅力づくりの活動への参加希望

　地域活動の参加希望について,関心のある活動,毎月１回以上参加しても良い活動としてアンケート調査で質問した結果です.このメニューは既にこの地域で実施されている活動や当時検討中の活動,住民からの要望があった活動ですが,住民の３分の１以上が関心のある活動が９つもありました.街を美しく維持する活動や安心安全に関わる活動への関心が高く,さらにスーパー再生にも高い関心が寄せられています.参加意欲が高い活動は,高齢者支援ボランティアや防犯パトロール,スーパー活性化,子供の見守りや通学パトロールであり,やはり安心安全に関わる活動の参加意欲が高いという結果になりました（図5.4）.

5.3.4　地域で実施されたプロジェクト

(1)　住民グループのコミュニティレストランの開設運営へ

　地域の魅力づくりに向けた活動を行う住民グループが2013年に設立され,今後の地域や自分の暮らしについて議論されました.その結果,「住民同士の楽しい交流の場づくり」,「買い物難民への懸念からの現スーパーの魅力づくり」,「自ら行う安全安心な米作り」の３点が強い要望としてあがりました.

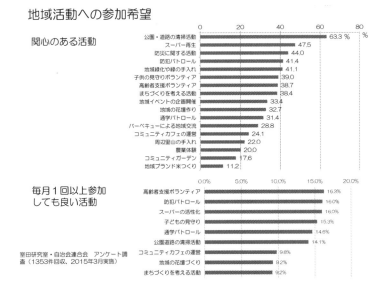

図5.4　アンケート結果（関心のある活動、毎月1回以上参加しても良い活動）

　米作りについては，農家から田んぼを借りて無農薬の米を作る「田んぼ隊」を結成し，スーパーについては，撤退が懸念されていたため住民で支援をすることにし，無農薬野菜や住民が欲しい商品を住民らで仕入れてスーパーが販売するという斬新な支援を行いました．併せて，スーパー前の広い駐車場を生かし，スーパーと共同でシーズンイベントを開催し，地域を盛り上げてきました．

　さらに，これらの経験を生かして2016年9月に住民の出資により一般社団法人を設置し，住民の楽しい交流の場としてコミュニティレストランをオープンさせました．スーパーの一部を借りて食事と飲み物を提供するもので，イベントやパーティ・ミーティングの開催など，交流拠点として重要な役割を担うものです．さらに無農薬野菜づくりをしてレストランで提供するというような実験的な試みもありました．2021年には，プロの料理人によるプロフェッショナル化を図りメニューを増やしてレストラン機能を強化し，併せて地域交流や音楽ライブ・イベント開催機能の両立を目指すような方針転換を図りました．

(2)　地域共創ラボとモビリティサービス実験

　利用者と提供者が共創し，そのプロセスから新しいサービスや商品を生み出す「リビングラボ」の概念を踏まえ，「地域共創ラボ」という活動を展開しています．具体的には，モビリティサービスの不足が地域課題であり，地域共創ラボを使用してこの問題の解消手段となるサービスの実験や検討がされました．

　まず，不動産ディベロッパー，自動車メーカーによる多様なパーソナルモビリティや歩行アシスト，カーシェアリングなどの実験を行い，移動手段，ルートやサービス提供の方法が検討されました．さらに，「シン・モビリティ」と名付けて，不動産ディベロッパー，位置情報のネットサービスや移動サービスを提供するベンチャー企業，タクシー会社により，ライドシェアを目的にAI活用型の専用アプリで実験をしました．

　このような社会実験は全国で実施されていますが，本地域では，当地域を開発したディベロッパーと自治会が企画しており，専用アプリの開発により地域ニーズに即したきめ細やかなサービスの実現を目指すという特徴があります．実現できれば，当地域だけでなく各郊外住宅団地で増加する高齢者の免許返納ニーズと，新たに入居する子育て世帯の送迎ニーズなどに対応するモデルになると考えます．

(3)　医学系大学や企業との連携による健康講座プロジェクト

　このプロジェクトでは，医学系大学の専門家を講師として様々な健康講座を開催するもので，地元ゴルフ倶楽部を会場としてディベロッパーが企画しています．高齢化の進む当地域ではニーズの高いプロジェクトです．それ以外に，健康・医療系として緊急物資ドローン運搬社会実験や，ビフィズス菌の実証実験も行っています．

　社会実験を行ないつつ，新しいサービスや新しい商品を生み出すことを目標としており，企業が地域課題に対応するための新たなサービスを提供するために，住民がどのような問題を抱えており，どのようなサービスの提供が可能か，事業として成立可能かどうかを試行錯誤しており，本地域での試みはそれを実

践しているといえます.

(4) 地元の高校や農場との連携, マルシェ・フェスティバルの開催

当地域は, 食の安全として無農薬野菜や自然栽培に関心のある住民が多く, それらの販売や栽培をテーマとしたイベントが開催されています. 地元の高校や周辺の農場との連携を行い, またそれらを使用した食品をつくる工房と連携し, 野菜の栽培の仕方, 販売, 試作品づくりや加工方法, 交流などを行っています. 住民や農業高校を中心に実行委員会を作り, フェスティバルやマルシェを開催しています.

郊外住宅地では, 団地内でのコミュニティが活発な地域は比較的多いのですが, 一般的に周辺地域との交流が希薄な場合が多いといえます. これは周辺の集落地域と団地内では, 住む人の価値観や生活スタイル, 環境もコミュニティも異なっており, さらに, 元々周辺地域の地主が所有する土地であったことから複雑な感情がある場合もあり簡単ではないことが指摘できます. 当地域でも周辺地域との差異は大きいのですが, 以前から「田んぼ隊」やコミュニティファーム・レストランがあり, 自然・環境や安全・健康へのこだわり志向を様々な形で実現してきました. 地元に農業科のある高校があり, 自然栽培を積極的に進めており, この高校を相互に密接な関係を築けたことが重要かと思います.

(5) ゴルフ場開放イベント, 自然体験プロジェクト, 街に花を植えるプロジェクト

ゴルフ場の開放イベント, 自然体験プロジェクトや街に花を植えるプロジェクトは, 住民が主体的に企画し実施している活動になります. ゴルフ場開放イベントは, 地域資源と触れ合うことによりゴルフ場を住民に開放して体操やウォーキングを行うイベントであり, 子供から高齢者まで多世代が参加しております. このようなイベントは, 健康づくりに加えて, 多世代の交流, 地域資源の活用による地域の良さの発見につながる企画といえます.

(6) 留学生との交流

留学生との交流プロジェクトは, ディベロッパーの企画によるもので留学生のホームステイ, フィールドワーク, 交流会などを開催しましたが, 留学生と

共に多様な体験をして子供を含めた異文化交流を経験できる企画です．加えて当地域は，所謂一般的な空き家だけでなく，広い住宅が多いために「部分的な空き家（空き室）」があり，また別荘利用もあることから「一時的空き家」もあります．従って，これらの活用を進める上で多様な利用を促すことは重要であり，留学生交流による住宅活用は，地域資源を活用しつつ空き室・空き家問題を解決する目的もあります．

5.3.5　多様な団体とプラットフォームの形成

(1)　多様な活動と団体

当地域には，多くの住民団体があります（**図5.5**）．中心団体は自治会連合会であり，住民の代表団体やまとめ役のような役割を果たしています．自治会が設置した将来ビジョン作成ワーキンググループから2017年に新たに組織が立ち上がり，住民有志により自由な議論や柔軟な活動をめざしています．2013年に立ち上がったグループは当初メンバーが130人もいる大きなグループで，スー

図5.5　多様な活動と団体連携

パー再生や田んぼ隊などの多くの活動を行いました．この代表が一般社団法人のコミュニティレストランを立ち上げましたが，無農薬野菜や自然栽培に関わる活動やフェスティバル，音楽イベントやコミュニティ拠点などの中核的な役割を担っています．

　子供会や老人会もあり，特に老人会は趣味やスポーツ，ボランティア，イベント支援など20近いグループを抱えており活発な活動をしています．さらに，送迎サービス，庭木の剪定ボランティア，見守りやパトロール，花壇づくりや清掃などの活動を行う多くのボランティア団体，またゴルフやテニスなどのスポーツサークル，趣味のサークル，住民が主催する各種の教室があります．

(2)　**体連携とコミュニティの基盤：プラットフォームづくり**

　多くの団体があることは，地域再生のベースとして大変重要ですが，多様な地域再生活動を進めるうえで，相互の得意な点を生かして連携や協働を図ることが不可欠です．

　当地域では，地域内の団体間の連携があり，また地域全体で行うイベントや活動については，連合自治会が主催，共催，後援などの形で連携を図っています．周辺の地元組織としては農業高校や周辺農家等と連携を図り，外部組織としては不動産ディベロッパーを中心に，企業，病院，大学等の連携があります．プロジェクトやイベントによっても異なりますが，ディベロッパーが外部組織に企画を持ちかけ外部組織との連携を図り，一方，連合自治会が地域内の代表としてまとめ役を担い，ディベロッパーと連合自治会が連携協働を図る体制が多く取られています．この方式は，地域内外を含めた多くの団体と連携を図る際には効果的な方法と考えられます．

　地域再生を継続的に進めるためには，担い手となる人材のインキュベーション的な機能が必要となりますが，本地域では，先に紹介した多様な地域団体がインキュベーション機能を担っていると思います．ここでそれぞれの活動を通じて地域の活動や団体を知ることができ，人間関係を形成できます．地域の様子を知る機会，何らかの関係性を持てる機会が，地域への関心を高めるステップになると思います．その結果，本地域では，交流拠点づくり，地域魅力づく

り，健康づくり，モビリティサービス，生活支援サービス，住み替え支援，地域ブランドづくり，環境整備など，**図5.6**に示すような活動を行っています．

図5.7に示すように，周辺地域としては農業高校，農家・農場，店舗，レストラン，工房，周辺自治会との連携を図っています．これらの活動は，インター

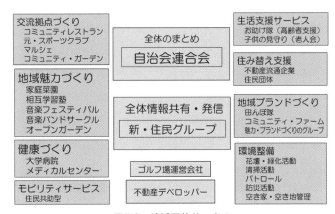

図5.6　地域団体サークル

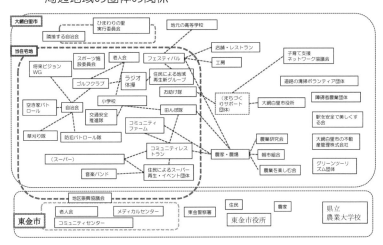

図5.7　周辺地域と団体との関係

102

ネットで紹介されています．地域のサイトはホームページの作成・運用スキル
のある住民によって2015年8月に開設され，2016年以降毎月，様々なイベント
や活動が紹介されています．地域に関する情報が共有されていること，活動が
広報されオープンであること，活動間の連携が図りやすいことがプラット
フォームの条件であり，継続性，発展性を確保する上で重要といえます．

5.4　郊外住宅地の再生に向けて

5.4.1　郊外住宅地の持続可能性指標のイメージ

　住宅地の持続可能性を指標化すると，①利便性，②環境の良さ，③コミュニ
ティ力に区分できます（**図5.8**）．①と②が両立するのは都心部の高級住宅地，
①と③は下町エリア，②と③は郊外住宅地のイメージです．利便性の低い遠郊
外住宅地では，行政や外部組織と連携しコミュニティ力を生かして日常生活利
便性をアップさせることが重要と思います．また，居住環境をより良くしてい
くことが可能であり，それにより地域の持続性を向上させることができると考
えています．今回お話した事例は，まさにその取り組みをしてきたと言えます．

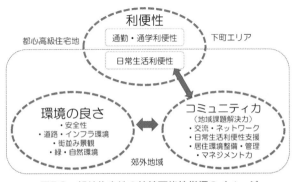

郊外住宅地の持続可能性指標のイメージ

図5.8　郊外住宅地の持続可能性指標のイメージ

5.4.2　郊外住宅地の地域再生方法

⑴　モビリティサービス・デジタルサービスの発展

　郊外住宅地で多くのサービスが撤退する中で，日常生活や通勤通学の利便性を低下させないために，新たなサービスが検討されつつあります．モビリティサービスは重要であり，公共交通の成立が難しい場合は，AIオンデマンド交通など可能なサービスを実現させないと，高齢者の生活の継続も新規の子育て世帯の転入も難しく，地域としての持続性が担保できない可能性があります．

　日常生活サービスでデジタル化での対応が可能なものは，デジタルサービスを発展させる必要があり，さらにテレワークをする上で必要なサービスを拡充する必要があります．

⑵　豊かな環境を維持するための，管理の大変さにどう対応するか

　緑豊かな環境は郊外住宅地の大きな魅力であり，住宅地の選択理由にあげられています．一方で，居住者からは管理の大変さが指摘されており，緑豊かな環境をどのようにマネジメントしていくかが課題です．生垣や緑化率，樹木の本数などを定める住宅地もありますが，経年化とともに守られていないケースも増加しています．地域の魅力である豊かな緑を地域資源としてどのように維持するかが課題です．

⑶　地区計画などの用途規制の変更

　自宅でカフェやショップ，保育所，工房やスタジオ，事務所を開設したいという要望があります．郊外の広い住宅ですので，様々な活動に使いたいというわけです．このようなニーズへの対応は，居住する住民の生活の豊かさや利便性のアップ，地域の魅力にもつながりますので，外部不経済が発生しない限り大いに促進したいところです．しかしながら，地区計画等の規制によって実現が困難となっている場合があり，これらの用途規制を変更する必要があります．

⑷　団地内住み替えニーズに向けた住宅の多様性と環境・デザインの両立

　戸建て住宅地の定住意識は高いが，高齢化し住み替えが必要になった場合は，慣れ親しんだ団地内で住み替えたいというニーズがあります．同じ団地内のスーパーやバス停の近く，坂のないエリアに住みたい，団地内で管理の楽な集

合住宅に住みたい，庭の狭い住宅に住みたい，などのニーズです．戸建て住宅地では，住宅の多様性がなく，集合住宅の立地が不可能であったり，最低敷地規模が統一され庭の狭い住宅が実現しにくいという状況があり，団地内での住み替えの受け皿がない場合があります．地区計画，建築協定の規制を単に緩和するのではなく，良好な環境を維持しつつ，多様な住宅が実現可能なエリアを形成する必要があり，緑やゆとり，デザインを重視しつつ計画を見直す必要があります．

(5) 価値向上に向けた居住環境マネジメントの必要性

老朽化する住宅地の環境価値をどのように高めていくかが重要です（図5.9）．ここで環境価値とは地価を指しているではなく環境の良好さという意味で使用しています．開発時から環境が成熟化すると緑の成長や落ち着きなどにより環境価値は上がっていくと想定し，時間の経過とともにやがて老朽化が進み徐々に下がっていくと考えました．

これをどのように再び上げていくかについてですが，根本的にはインフラ再投資が必要であり，行政の役割は大変重要と考えています．バリアフリー化や歩行環境の改善によるウォーカブルなまちづくり，オープンスペースの再整備，災害対応やローカルエネルギーの実現などです．それに加えて，新たなニーズ

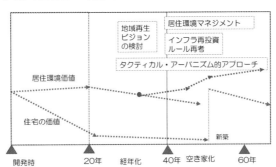

戸建て住宅地の環境価値の変化と価値向上へのステップ

図5.9　計画型戸建て住宅地の価値変化イメージと価値の維持向上に向けたステップのイメージ

に応じた住宅の多様化や用途の多様性を確保し，空き家を再生し，今後の修繕や建て替えに向けて，新たな再生計画やデザインルールを策定することが必要です．ゆとりある空間や豊かな緑，落ち着いた景観などは郊外住宅地の地域資源であり，これらは生かされる必要があります．

⑹　**タクティカル・アーバニズム的アプローチによる魅力づくり**

　地域再生にはソフトも重要であり，地域の魅力づくりを行う多様なプログラムが必要です．進め方としては，地域ビジョンを作成し共有することは重要と考えられます．その上で実施したい希望者が，自分の好きなこと，得意なことなどを企画して実施します．多様な小規模プロジェクトを立ち上げて，それらを積み重ねて地域ビジョンに近づくといったスタイルが考えられます．これまでの都市計画や公共事業計画のような綿密な計画策定と計画的実行とは異なり，緩やかな目標とチャレンジです．

　既に，社会実装などによる企業提案型事業，住民チャレンジ型活動などが行われていますが，新たなサービスを始める場合，どんなニーズがあるのか，どのように提供できるのかを実験的にやってみることは有効といえます．「タクティカル・アーバニズム」と呼ばれるアプローチがありますが，機動的で小さな事業を積み重ねて大きな地域再生につなげる方法ということです．日本では，オープンスペース・公共空間などで使われているかと思いますが，上述した方法は「タクティカル・アーバニズム」と同じ考え方によるアプローチといえます．このような方式は，様々な利害関係があり，多様な住民が居住し，既に一通りのインフラなどの整う郊外住宅地の再生でも有効な方法と考えます．

　このいわば「タクティカル・アーバニズム的アプローチ」を郊外住宅地で導入する場合，地域全体のビジョンとこれを目標として共有することが重要と思われます．そのためには，デジタルプラットフォームなどの活用によりいつでも自由に地域の情報が共有できることが必要です．併せて，全体の集約やとりまとめ機能も重要であり，地域価値をどのように向上させるかを認識することが重要と考えます．

第6章

次の50年を見据えたハイブリッド型 住宅団地の再生～宗像市日の里地区～

内田　忠治

(宗像市　都市再生部都市再生課長)

6.1　宗像市の概要

　図6.1に，福岡県宗像市の地図を示します．宗像市は，玄界灘に面し，福岡市と北九州市の政令指定都市から快速電車で約30分の位置にあります．2023年3月31日現在で人口9万6,954人，世帯数4万4,528世帯，面積119.94km^{2}となっ

図6.1　宗像市の地図

ています．４島の離島を除き，全ての区域が都市計画区域になっています．その中で市街化区域が1,876ha，市街化調整区域が9,114haで，全域の約２割が市街化区域となっています．

　図6.2に，人口と世帯数の推移を示します．横軸の左側から昭和40年度，右に令和３年度まで示しておりますが，昭和40年代の大型住宅団地の開発を背景に，本市は人口が急増し，令和４年３月31日時点で９万6,931人となっています．総合計画において，令和７年度時点での目標人口は９万6,000人と定めています．折れ線グラフは，前年度からの人口増減で，昭和44年から昭和50年にかけて急速に人口が伸びています．

　図6.3に，人口推移と将来人口推計を示します．平成12年から令和22年までが確定値であり，令和２年からが推計となっています．平成12年には９万2,000人，令和２年に９万6,000人ですが，平成15年と平成17年に１町１村の合併があり，現在，９万6,000人となっています．今後は，全国でも同様と思いますが，人口減少と少子高齢化が進行し，このまま対策を講じないと，令和22年には９万1,348人となり，今より約5,000人減少する推計となっています．この人口

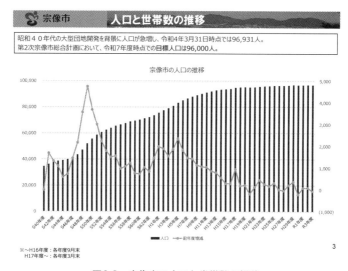

図6.2　宗像市の人口と世帯数の推移

108

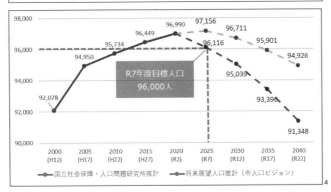

図6.3　宗像市の人口推移と将来人口推計

減少に歯止めをかけるために，住宅都市として住宅団地の再生を進めることが重要であると思いました．

6.2　宗像市におけるまちづくりの課題

　まちづくりの課題は，人口減少に加え，少子高齢化の進展が考えられます．本市では，これらの社会情勢を踏まえ，都市構造における課題を整理しました．

　課題は6つで，1つ目は，自家用車を使用する率が非常に高くなっており，移動手段の全体の7割程度を占めています．今後，高齢化が進行すると，自分で運転ができない人が増え，公共交通のサービスの充実が必要になります．2つ目に，生活サービス機能の確保が必要になります．高齢化率が低いときには，歩ける距離が500mから1kmと言われますが，今後高齢化が進行することにより，歩ける距離が短くなることで，生活拠点を増やし，生活サービス機能をさらに多く配置する必要があります．3つ目に，人口が減少すると，空き家や空き地が増える原因になります．また，今まで使用してきた水道，下水，道路

109

などの既存ストックを有効活用して定住化の促進を図ることが必要です．4つ目に，生活サービス機能の集積やバス等の公共交通，自転車や徒歩などの交通手段により安全で快適にアクセスできるなど「歩いて暮らせるまちづくり」の実現を目指します．5つ目に，全国で課題となっている自然災害に対する居住地の安全性の確保が必要で，浸水想定区域や土砂災害（特別）警戒区域など，災害発生リスクがある地域での居住地の安全性をどのように確保していくのかが課題です．6つ目に，今後，人口が減少すると市民税等の減少や地価の下落などによる固定資産税の減少で，市税収入が減少するため，公共施設の維持管理が困難になることが予測されます．今後は，コンパクトプラスネットワークの構築と都市経営の安定化がまちづくりの課題となっています．

6.3　第2次宗像市都市計画マスタープラン

　第2次宗像市都市計画マスタープランは，土地利用に関する将来像を描き，まちづくりの方向性を決めるものです．基本理念は，「宗像版集約型都市構造の形成」としました．市の中央部に2級河川釣川が流れ，川沿いには優良農地があるため，その農地を守りながら農地の後背にある丘陵地を中心として住宅団地の開発を進めた経緯があり，市街地が分散している状況です．これを踏まえて，今後は一極集中ではなく，地域の特性を踏まえた，多極連携の集約型都市構造を目指します．

　5つのプランがあります．1つ目は，市域全体で12のコミュニティに分かれており，コミュニティごとにコミュニティーセンター周辺など日常的に人が集まる場所を中心に位置づけ，店舗や公益施設などの生活利便機能を集約し，生活を維持します．2つ目は，本市にある3つの駅，赤間駅，東郷駅，教育大前駅の周辺に都市機能が集積する拠点を形成し，新たな都市機能が郊外に分散しないようにします．3つ目は，公共公益施設が分散している状況の中で，1つに集めることができないため，地域の個性，魅力づくりに活用し，地域と連携することで地域の個性づくりに活用します．4つ目は，公共交通ネットワーク

を強化し，公共交通の利便性を高めていくことが重要であると考えています．拠点と地域中心，上述の場所とをつなぐということが必要です．5つ目は，今後の人口減少も見据えて，集約型都市構造の形成を緩やかに進めて，居住地を拠点に集めていく施策を進めています．

　さらには，立地適正化計画を策定し，縁辺部から中心へと居住人口を集めていく計画です．特徴の1つは，住み替えの循環を図っていくことです．駅の周辺に商業施設や病院，教育・子育て施設を配置し，その周辺に住宅を配置します（図6.4）．もう1つが，少し離れたところにある郊外住宅団地に生活拠点を置き，居住人口を集めていく方法です．駅近辺は，自分で自家用車を運転ができない高齢者や若者などが居住します．郊外の住宅団地には子育て世代の人たちが居住し，子育て世代がやがて高齢者になると自家用車での移動が困難となるため駅周辺に移住できるような，循環が可能なまちにしていくことを目指してます．

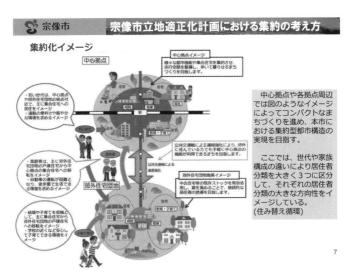

図6.4　宗像市立地適正化計画における集約化イメージ

111

6.4 宗像市の住宅団地

6.4.1　住宅団地の概要

図6.5に，本市の地図と住宅団地の位置を示します．市の中央にJRの鉄道が走っており，東郷駅に隣接した①日の里は，昭和41年から昭和45年にかけて造成された約217.6haの団地です．日本住宅公団（UR都市機構）が賃貸アパートと戸建住宅用地の造成等事業を施行しました．

次に，赤間駅の南側にある②が，自由ケ丘，昭和40年から平成６年まで長い期間をかけて開発していき，丁目単位ごとに３年程度で開発していますので，年齢の構成比が丁目ごとに異なっているという特徴があります．また，施行面積は約173.9haです．赤間駅の北側に③の城西ケ丘があり，昭和49年から61年までに開発された約51.9haの団地で，その左隣に，④のひかりケ丘があり，昭和43年から昭和61年までに開発された約44.7haの団地です．これらの団地は，全てが戸建て住宅であり，本市は第一種低層住居専用地域が市街化区域の約８

図6.5　宗像市の地図と住宅団地の位置

割を占めていることから，戸建て住宅を中心としたまちづくりを行っています．本市は，明治・大正期に日本国有鉄道（JR九州）による鉄道開通を機に，赤間駅と東郷駅の周辺などに市街地が形成し始めました．それまでは，農業を中心とした町でしたが，昭和40年前後に鉄道が電化され，さらに，JR鹿児島本線の北側にもともと国道３号が走っていましたが，渋滞緩和等の理由から国道バイパスの開通の効果もあり，①日の里と②自由ヶ丘の大規模な住宅団地の建設が相次いで進み住宅都市として発展しました．

6.4.2　住宅団地再生の取組み

　昭和40年代に開発が始まった大規模住宅団地である，日の里と自由ケ丘は，現在，居住人口の減少，高齢化，住宅の老朽化に加え，空き家が顕著となっている状況です．そのため，住み替えや建て替え等の定住促進へ向けた取組みが課題となっています．

　表6.1に，宗像市の住宅団地再生における主な取組みの変遷を示します．住宅団地の課題に取り組むにあたって，市の職員の中で若手３人を選抜し，都市再生庁内プロジェクトチームを平成25年に結成し，定住化や団地再生の促進策等の研究を進めました．その後，このプロジェクトチームで検討した方策を活かし，第２次都市計画マスタープランを平成27年に策定しました．平成28年頃から日の里団地で利活用の検討を行い，団地再生を進めています．令和２年，

表6.1　宗像市の住宅団地再生における主な取組みの変遷

＜主な取組みの変遷＞

H25	H26	H27	H28	H29
▽ 都市再生庁内プロジェクトチーム創設・団地再生等の調査研究 ▽ 宗像市都市再生戦略の策定	▽ 宗像市都市再生連携協力に関する協定書締結 ▽ 日の里地区まちづくり計画特別委員会の設立	▽ 宗像市都市計画マスタープランの改定 ▽ 再生事業を推進する「都市再生事業推進協議会」設立	▽ ＵＲ日の里団地の再生による利活用検討 ▽ ＪＲ東郷駅前空き店舗活用（CoCokaraひのさと）	▽ ＵＲ日の里団地（解体予定の１０棟）の利活用検討 ▽ CoCokaraひのさとの賑わい創出事業拡充

H30	R1【団地再生元年】	R2	R3	R4予定
▽ 宗像市都市再生ピッチ大会＆パネルディスカッションの開催 ▽ 日の里地区エリアマネジメントの構築として人材発掘ミーティングやワークショップを実施 ▽ 都市再生課の新設	▽ 福岡県宗像市日の里団地共同企業体と連携協定を締結（ひのさと48プロジェクト始動） ▽ ココカラ運営協議会の法人化に向けた支援	▽ 国道３号「新王丸橋橋台」へのウォールアートプロジェクトの実施 ▽ オンデマンドバスの実証運行開始	▽ 生活利便施設「ひのさと４８」オープン ▽ 「さとのはhinosato」まちびらき ▽ 日の里地区都市再生ビジョン策定 自由ヶ丘地区でショップモビリティやドローンの実証事業実施	▽ 空き家等を活用した面的整備手法の検討 ▽ 自由ヶ丘地区都市再生ビジョンの検討

日の里で団地再生プロジェクトを開始したことから，この年を団地再生の元年と位置づけ，事業を進めています．

　行政だけでは団地再生を進めることが困難な場面がたくさんありましたので，民間事業者を交えた宗像市都市再生プロジェクト専門家会議を立ち上げ，それぞれの専門家からの意見やアイデアを提言していただき，事業に反映しました．会議を4回開催し，第1回目は団地の現状を視察，第2回目は有識者の先生から先進地の事例紹介など，第3回目はパーク・アンド・ライドの活用と既存郊外住宅地の再生の事例発表，第4回では3回に渡り議論をした方向性を専門家会議の提言書として取りまとめていただきました．提言書の主な内容は，東郷駅前にあるUR団地の再生とストックの有効活用で，建設から約50年が過ぎている団地をリノベーションなどで子育て世代の入居を促進．戸建てエリアでは，リフォームやコンバージョンを行い住み替えや流通を促進，建て替えやリフォーム時の住宅ローン金利優遇制度を創設するなど空き家の利活用を推進する．また，二酸化炭素の排出量を抑制することやスムーズな移動に対応するためパーク・アンド・ライドの拠点づくりを促進，住まいや住環境の価値向上を目的とした住居のブランド化の検討などが提案されました．

6.5　日の里地区における取組み

6.5.1　日の里地区の概要

　日の里地区は，東郷駅の南側に接する丘陵地，日本住宅公団（都市再生機構）が事業を施行し，面積は217万6,723㎡，施行期間は昭和36年に着手し，昭和45年に完成しました．計画戸数5,100戸，計画人口2万千人です．土地利用としては，駅を中心として地区の中央に縦断する都市計画道路，幅員約25mの道路を配置し，東西を2つの居住区に分けました．それぞれに小学校，サブショッピングを設け，公園は丘陵地，ため池を有効活用した近隣公園，遺跡を取り入れた古墳公園などを配置しました．その他地区内には郵便局と，小学校2校，中学校1校があります．図6.6に，日の里地区の人口と高齢化率の推移を示し

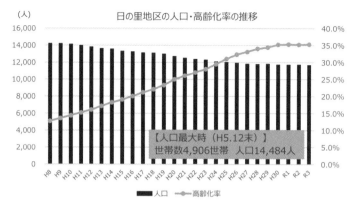

図6.6　日の里地区の人口と高齢化率の推移

ます．平成8年に約1万4,000人であった人口が，令和3年には1万2,000人を下回るようになり，日の里地区の最大人口から約2,000人減少しています．高齢化率は現在約35％と，市全体の約30％を約5％上回っている状況です．

6.5.2　団地再生事業の実現に向けて

　住宅都市として発展してきた本市は，今後も住宅団地の再生を推進し，まちづくりの柱と位置づけ，あらゆる事業を進めます．「将来にわたり住み続けられるまち」であるためには，開発から半世紀経過した大規模住宅団地である日の里地区の住民の高齢化，空き家の増加などが課題となっており，行政だけではなかなか解決できない課題を官民が連携して取組みを進めます．

　今後，重点的に取り組むことは，東郷駅周辺を拠点として，まちづくりを進め，駅周辺はにぎやかで楽しく心地よく歩ける公共空間の再整備．駅前にあったパン屋とコンビニが閉店し，賑わいの低下の原因となっているため，店舗の誘致．古くなった賃貸集合住宅のリノベーションなどを行い，空き室の利活用の促進．同時に公共交通の充実・利便性の向上を目指した，地域公共交通体系の再構築に取り組んでいます．駅前のパン屋とコンビニが入っていた空き店舗を市が借りてコミュニティを醸成することを目的に，住民が自主的に運営し，

地域の価値向上を図る活動をしています．日の里地区には民間のバスが循環していましたが，乗客が減少したことで廃線になり，コミュニティバスなどの定期定路の運行を検討しましたが，利便性を考慮し．AIを活用したオンデマンドバス「のるーと」の実証運行を令和3年3月から開始．2年間の実証実験を行いました．乗客数は，令和3年4月に2,224人だったものが，令和4年3月には3,448人となり，約1,000人増えました．直近のデータでは，4,000人を少し超えているような状況もあります．このバスは呼ばないと来ないという特徴があり，予約方法は，スマホのアプリか電話で予約することになります．高齢化率35％の中で，令和3年4月にアプリと電話の比率が6対4であったものが，現在は8対2となり，アプリが増えてきている状況で，高齢者にもDXの普及が進んでいると考えています．

6.5.3　宗像・日の里モデル

図6.7に，東郷駅周辺の地図を示します．日の里団地を再生するきっかけとなったのが，黒い四角で囲んであるUR団地です．都市機構（UR）が集約事業を行うことで新たな土地が生み出され，赤く塗っている箇所を民間事業者に売買することがきっかけとなり，団地再生の事業が始まりました．URの公募によって，ハウスメーカー8社とまちづくりの会社2社，合わせて10社の共同体で落札され，市とまちづくりに関する連携協定を結んで団地再生を進めています．

図6.7　東郷駅周辺の地図

6.5.4 さとづくり48

さとづくり48は,「ひのさと48」という住棟を活用した,まちづくりのプロジェクトです. さとづくりは, 日の里づくりとふるさとづくりの2つを掛け合わせたものであり, 住宅地の再生を不動産価値から暮らしの価値向上によって実現し, 市とURと民間企業, 地域住民の官民が一体となって進めているプロジェクトです. サスティナブルコミュニティをコンセプトとして, 6つのテーマを掲げ, 地域課題解決型事業の創出を目指しています. 具体的には, 団地一棟をリノベーションして地域交流の拠点を設立し, ブリュワリーやDIY工房, コミュニティカフェをベースに, 文化づくりから日の里らしさを活かした活動を始めています.

図6.8に, サスティナブルコミュニティの概念図を示します. まちの核をつくるためには, 新旧住民が混ざり合う文化を醸成して, その実現につながることから始めます. 住むところには仕事をする場の創出や, 教育機関との連携を図りまちの運営に学生の力を取り入れます. さらには, 移動手段の確保が必要となります. 次に, 核が完成すると範囲をまち全体に広げ, 地域内経済を回す

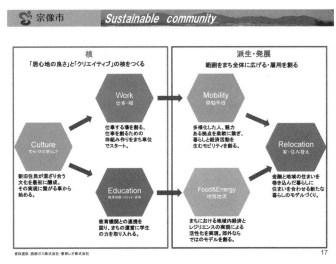

図6.8 サスティナブルコミュニティの概念図

117

必要があります．金融と地域の住まいを巻き込んだ暮らしに住まいを合わせる新たな暮らしのモデルに加えて文化を掛け合わせ，最終的には新たなモデルの暮らしを実現していくという考え方です．

　地域交流拠点の「ひのさと48」は，地域に開かれたコミュニティスペースを展開しています．さとづくり48として，コンセプトに共感していただいた事業者と一緒にこの拠点でまちづくりに関する様々なチャレンジをしています．シェアキッチンやコミュニティカフェ，Co-Doingスペース，DIY工房，ブリュワリーは西部ガスと東邦レオが直接事業を行っています．また，保育園の分園，げんきっこくらぶなど，さとづくり48のコンセプトに共感していただいた事業者と一緒に日の里のまちづくりに関するチャレンジをしています．運営体制は，西部ガスと東邦レオの2社で創意工夫を重ねています．エリアマネジメントを語る上で人材と財政が課題になってくるというのは，国土交通省が行ったアンケートの中でも浮き出ているものと考えており，自己資金をどのように今後生み出していくかが1つの課題になってくると考えています．

6.5.5　官民連携のプロジェクト

　図6.9に，官民連携のプロジェクトの概要図を示します．サスティナブルコミュニティの6つのテーマの中で，17のプロジェクトが今立ち上がり，官民連携でまちづくりの取組みを進めています．その中でも主な事業を紹介します．

(1)　さとのBEER

　なぜビールを造るのか．ビールによって人と人がつながれるという，コミュニケーションを生み出す場にしたいと思いビールを作りました（写真6.1）．このビールは，宗像産の麦芽を使用し，地産地消型でもあります．日の里ペールエールというビールでは，地域で活躍する人たちからそれぞれの取組みを取材し，イラストで人柄を表現したラベルを貼付し，コミュニケーションツールの1つとしています．また，地域の生産者さんとコラボレーションし，フルーツを使ったビールを介して地域の生産物や担い手の方を知ってもらうきっかけになっています．例えば，本市にある大島では，甘夏の生産者とコラボして，

118

図6.9　官民連携のプロジェクトの概要図

写真6.1　さとのビール

甘夏ビールを作りました.

(2)　総合学習授業（日の里学園）

　小中学校の総合学習で，団地再生への取組みを行っています．団地再生で一番大切なことは，住み慣れたふるさと「日の里」に将来戻ってきてほしいという思いがあります．子供たちが自ら考えたことが実現すると心に残り，ふるさとを将来思いだしてくれるのではないかと思います．授業の中ではさとづくり

48のメンバーが講師となって，誰もが必ず持っている「ひっさつわざ」を披露したり，児童生徒が日の里でやりたいことを大人たちが全力で叶えるといった授業をしています.

　1つの例として，中学校の生徒から団地の壁を登ってみたいと言われ，大人が本気になって叶えるプロジェクト，「さとのビールを飲んでクライミングウォールを作ろう」を合い言葉にクラウドファンディングを実施したところ，目標金額に達し，実現しました.

⑶　ひのさと thinking，さとのひ WONDER BASE

　ひのさと thinking と称して，地域にいる熱い思いを持った方とインタビューするというトークイベントを週に1回開催しています.

　さとのひ WONDER BASE は，これまでの取組みの関係性を活かして，行政，地域，民間事業者が一緒に動きながらより良いまちづくりを試行錯誤していく拠点です.企業間連携では，まちの課題を解決することは困難な時代になってきました.民と官が連携することはもちろんのこと，大人や子供を含むこの地域で生活している人たちと連携し，みんなで地方の住宅団地の課題を解決しようとしています.

6.5.6　日の里地区における施策・誘導方針

　都市が抱える課題は様々ですが，日の里地区においては，公園緑地の利活用，駅周辺の低未利用地の利用促進，歩いて暮らせるまちづくりが挙げられます.そこで，まちづくりのターゲットとして民間事業者と連携したまちづくりが求められています.

　課題解決のための誘導方針は3つあり「公共空間の活用」，「低未利用地の面的整備」，「住宅リノベーションの促進」です.

　公共空間の活用では，公園や道路など公共空間のさらなる有効活用を推進するため都市再生推進法人を指定してまちづくりに取り組みます.

　低未利用地の面的整備では，駅周辺にある空き地や無蓋の駐車場などの有効活用を民間事業者などと手法の検討を行います.

　住宅リノベーションの促進では，民間事業者と連携して，賃貸住宅の空き室のリノベーションを行い，子育て世代のニーズに対応できる住宅ストックの活用を検討します．

　KPIの目標設定は，日の里地区の39歳以下の人口比率を上げ，2025年には34.8％にして，2030年には35％を目指し，子育て世代を増やすことで賑わいと活性化を促進します．

6.5.7　ハイブリッド型「宗像・日の里モデル」

　図6.10に，宗像・日の里モデルはまちびらきから50年が経過し，人々の営みと文化が成熟されたこのまちを次の50年に引き継ぐ遺産とこれから始まるまちの新しい価値の創造を掛け合わせ，「多様な世代が生き生きと暮らせる持続可能な地域循環共生社会の形成」を目指します．

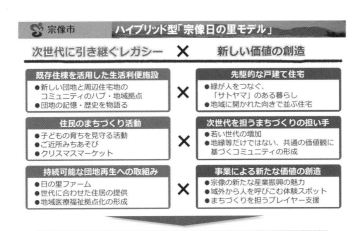

図6.10　宗像・日の里モデル

第7章
ディスカッション

本章は，第14回CRIIESセミナーにおいて，講演後に行われたディスカッションの内容を掲載します．ディスカッションでは，オンラインセミナー実施中にセミナー参加者からいただいたご質問に対し，講演者が回答する形式で行われています．

■回答者（所属は2022年10月時点）

長谷川 洋 氏　（国土交通省　国土技術政策総合研究所　建築研究部長）

石川 良文 氏　（南山大学　総合政策学部教授）

室田 昌子 氏　（東京都市大学　環境学部教授）

内田 忠治 氏　（宗像市　都市再生部　都市再生課長）

■コーディネーター

鈴木　温（名城大学教授　社会基盤技術評価支援機構・中部理事）

○司会（鈴木）

ただいまより，ディスカッションの時間を取らせていただきたいと思います．ご講演いただいた4名の先生方に対してご質問を頂いておりますので，1つずつお答えいただければと思います．初めのご質問は，長谷川先生に対するご質問でございます．

ご講演いただいた内容では，現在の住民を対象とした再生を中心にお話になっていたかと思います．持続可能性を考えると，その先の世代や新たな転入者を見据えての考え方や対策について補足していただきたい．また，今後入っ

てくる新住民の方をどう考えるかというご質問です．長谷川さんのご講演の中で，再生の目標とシナリオの設定という話があって，将来シナリオについて，お話いただきましたが，そのあたりについて補足いただければと思います．

○長谷川

　再生の目標やシナリオを考えるときには，時間軸で将来を見据えることが大事だと思います．何年ぐらい先を見据えるかというと，一定の合理的な予測が可能な20年くらい先かなと思っています．

　本日お話しした再生のシナリオは，主に現在の住民を中心としたニーズを踏まえたものでしたが，一方で，当該住宅を含む地域において今後20年くらいの間に，人口や世帯の構成にどのような変化が生じるのか，自治体の将来計画に基づく都市構造の変化なども含めながら予測して，住宅地の再生の目標やシナリオを設定する必要があります．今後，こうした検討に取り組んでいく予定です．

○司会（鈴木）

　もう1点，長谷川さんにご質問が来ております．いろいろな分析を行っておられますが，3D都市モデルのProject PLATEAUを活用した事例はあるのでしょうかというご質問を受けています．全国の様々な事例の中で，3Dモデルなどを活用された事例等，もしご存じでしたら教えていただきたいというご質問だと思いますが，いかがでしょうか．

○長谷川

　3D PLATEAUを使った研究は，私どもの研究所でもやっておりますが，どちらかというと中心市街地の再生等で使っていて，郊外住宅地に3D PLATEAUを使っている事例は，私が知る限り，今のところはまだございません．今後の課題かと思います．

○司会（鈴木）

そうですね．３D都市データなどもいろいろ整備されてきておりますので，今後の都市の再生，団地の再生などにも生かしていけるのではないかなと．

○長谷川

それに関していえば，３D　PLATEAUではないですが，デジタルトランスメーションの観点からは，人流ビッグデータをかなり活用できるようになってきております．例えば，住宅地の中にコンビニを誘致したいというニーズがあり，行政が建築基準法48条但し書きによる特例許可を検討しようとしたときに，地域住民の最大の関心事は，コンビニの誘致によってどれだけ人や車の流れが増加し，騒音が発生するかといった，閑静な住環境に対する悪影響なのですね．そこで，人流ビッグデータを活用して，住宅地に生活支援施設を誘致した場合の人や車の流れの増加を客観的に予測し評価できるようにすることで，地域住民の合意形成や行政の政策形成を支援していくことが考えられます．

○司会（鈴木）

なるほど．人流データなどもこういったことに活用できそうだということですね．

2点目のご質問は，直接的には室田先生へのご質問になっております．

質問フォームの作り方の関係で，1つの質問がお一人の先生に対する質問ということになってしまっているのですが，そこは臨機応変に，他の先生方にもお答えいただこうと思います．

室田先生へのご質問は，ご紹介いただいた季美の森の住宅再生の事例に関することだと思いますが，このような活動では立ち上げが難しいと思いますということで，自治会連合会が主導したということですが，その経緯についてもう少し詳しくご説明いただければありがたいですということです．また，その後の活動を継続させている原動力について，これだというものがありましたら教えてくださいというご質問です．

○室田

　当地域には，当初，全世帯が加入するホームオーナーズクラブという組織があり，CATVや環境美化基金の管理をしていました．この組織が実質的に連合自治会に統合されるという経緯があり，その際，活発な議論が行われたということです．住民の関心が高い問題を議論し集約するという経験をしていることが1つの特徴です．

　また，住民の方々は，スーパーの撤退やバスの減便などの利便性の低下を懸念する一方で，緑豊かで優れた街並み景観や活発なコミュニティ活動に愛着を持っておられ，住み続けるためにはどうすればよいかという課題を共有されていたことも大きいです．

　加えて，老人会が非常に活発であり，趣味やスポーツなどの多様な活動をしていますが，そのネットワークから小学校への支援や見守りなどのボランティア活動に発展しています．自治会活動や地域イベントの担い手とも重複しており，アクティブな方々が様々な活動を牽引しています．

　郊外住宅地で自治会が機能していない地域は多いですが，当地域では自治会役員が2パターンあり，任期を設定している持ち回り型の役員と，自分のやりたいことを継続的に行う専門活動型の役員があります．任期制により多くの方々に自治会活動を認知してもらい，専門制により知識や経験を積みかさねることができるという点も重要な特色と思います．

　さらに，当地域を開発したデベロッパーの役割が大きく，地域施設の再検討や活性化，新しい活動やビジネスの検討を支えており，他の組織との連携を図るなど住民だけでは難しい活動を発展させていると思います．地元以外の第三者組織の関与は重要であり，本来は地元自治体の役割も大きいと考えます．

○司会（鈴木）

　同じ質問を他の先生方にもお聞きしたいと思います．

　石川先生，菱野団地ではどういった組織が主導で団地の再生が始まったのか．きっかけですね．それから，今後，これから継続していくときの原動力はどう

いったところになるのか．そのあたりについていかがでしょうか．

○石川

　菱野団地については，大きな４つの地区があります．その地区ごとに自治会がありまして，言ってみれば菱野団地を４分割した形でそれぞれが進んでいたのですけれど，菱野団地の再生計画を作る段になりまして，やはり菱野団地全体としての住民組織が必要になるだろうということで，その自治会の代表の方々が特に主導的な役割を担って，「みんなの会」という組織が作られました．その会の主要メンバーには，推進計画の策定委員会に入っていらっしゃった方や住民の方々が核となり，これからプロセスとして動かそうという計画になっていましたので，それに沿ってそれぞれ動かしてきている状態です．

　今後については，もともと自治会の代表だった方々が中核メンバーになっていますが，若い方々をどうこの組織の中に中核メンバーとして入っていただくかという課題があります．

　みんなの会ができてからまだ３年ぐらいなので，今はこの状態でうまく進んでいますけれど，今後については，そういった運営の核となる人がどう変わっていくのかというところが，課題になると思います．

○司会（鈴木）

　菱野団地の場合には，瀬戸市役所もかなり関わっているなという印象を受けますが，そのあたりはいかがですか．

○石川

　そうですね．特に立ち上げ時は，それぞれの地区から住民代表が集まっていますので，取りまとめをうまくやっていかないといけないですよね．それから，いろいろなものをサポートするようなことが必要になるので，そのあたりは瀬戸市役所さんが非常に大きな役割を担ってくださっています．

　また，立ち上げのときには，第三者といいますか，コーディネーターになる

127

ような先生とか，他のファシリテーターの方々も入っていただいて，住民の話し合いを盛り上げていただいています．

　そういう意味では，住民が中心ですけれども，市役所の支援や外部のファシリテーターの支援があって，形づくられていると思います．

○司会（鈴木）

　住民代表はご高齢の方も結構多いので，これからそのあたりの代替わりが課題になるのかなという感じがしています．

　内田先生にも同じ質問をお聞きしたいと思います．

　ご講演の中でもそういった話があったかと思うんですが，改めて，日の里団地再生のきっかけになった最初の動き，それから，今後継続していくときの原動力としてどういったところが課題になるのか．そのあたりをお話いただけますか．

○内田

　きっかけは，東郷駅の駅前からパン屋とコンビニが無くなって，寂しくなってきているという課題があり，住民から，駅前をにぎやかにしてほしいという要望が市にございました．

　そこで，何ができるかを考え，その中で補助金に頼らず，民間の力を借りるということが重要と考え，住民が主体となり，民間事業者と一緒に，NPO法人「まちづくり宗像」が主導してまちのにぎわいづくりを進めることにしました．

　その後，URが集約事業で生み出した用地に参入していただいた民間事業者が，連携協定を結んでスタートし．住民と民間事業者は直接結びつくことがなかなかできないので，その間を取り持つ役割が行政ではないかと考え，今回の事業を進めています．

○司会（鈴木）

　官民が連携する仕組みをうまく作られているなという印象を受けました.

　次の質問ですが，これも内田先生への質問になります.

　福岡県のGDP統計はあると思いますが，宗像市のGDP統計もありますかということです. また，団地再生のための長期的な予算措置はあるのでしょうかということです.

　GDPというか，GRP，域内総生産ですね. どのくらい生産しているかという統計. 市ではそういったデータはあるのですか.

○内田

　的確かどうかわかりませんけれども，それに似たような統計はあると思いますが，私のほうで所管していません.

○司会（鈴木）

　そうですよね. 直接の担当課ではないと思うので. 先ほど，ビールの話などもありました. 団地というと，生産というよりも消費する場所というか，ベッドタウンになるようなところが多いと思うのですが，その中でもいろいろなものを作ったり売ったりされている. そういった売り上げの情報は，把握されていることはありますか.

○内田

　ひのさと48で行っている分については把握しています. その7割ぐらいが市の中で回っています.

○司会（鈴木）

　なるほど. あと，長期的な予算措置はあるのでしょうかということで，団地再生に関わるいろいろな取組みの予算はどのように賄われているんでしょうか.

129

○内田

ひのさと48につきましては，補助金を入れておりません．今までは，地域の
にぎわい事業をするときには補助金を入れて立ち上げをしてというプロセスで
やってきたのですが，補助金がなくなった時点で立ち行かなくなるという状況
を見てきたというところもあって，今回，資金については民間の力でやっても
らおうという考えです．

ひのさと48についてはそうですけれども，団地再生事業については，今後も，
団地再生，都市再生を進めるために，公共施設などについては予算を投入して
いきたいと思っています．

○司会（鈴木）

なるほど．別の質問をさせていただきたいと思います．

今回ご紹介いただいた団地は非常にうまくやられているところが多いという
印象を受けたというか，こちらでそういうところを選んでいるというところも
あるのですけれども，全国にはいろいろな団地があって，うまくいっていない
ところや，あるいは交通条件が非常に不利な団地なんかもあると思うんですね．
そのあたり，長谷川先生は，いろいろ分析をされていると思うのですが，交通
条件の非常に不利なところの再生をどのように考えていけばいいのか．全体の
人口が減少する中で，積極的に再生していこうというところと，開発はしたれ
ど，公共交通も不便だし，再生すべきかどうかというところがひょっとして出
てくるんじゃないかなと思うんですが，そのあたり，長谷川さんいかがですか．

○長谷川

まず，「再生」という言葉の定義ですが，冒頭でも説明したとおり，私は，「地
域住民が主体となった暮らしやすさを高めていくための持続的な取組み」と定
義しております．こうした定義に基づけば，地域住民が主体となって活動をし
ているということは，再生の取組みをしていることになると思っています．

一方で，住宅団地に対して行政が何らかの支援をしようとした場合，全ての

住宅団地に支援をすることは難しく，どこかで線を引かざるを得ません．その
ときの視点として5つあると思っています．1つ目は，安全性です．水害や土
砂災害などからの一定の安全性が確保された住宅地であるかどうかということ
です．2つ目は，立地条件です．集約型の都市構造に向けて，郊外の拠点とす
べき住宅団地なのかどうかということです．3つ目は，規模性です．施設を誘
致するなどに適した住宅地の広がりを有しているかどうかということです．4
つ目は，インフラ水準です．道路や公園，下水道など公共インフラの整備水準
が高いかどうかということです．5つ目は，ビルドアップ率です．開発からの
経過年数の中で一定の割合でビルドアップした住宅地かどうかということで
す．例えば，開発から数十年経過してもビルドアップ率が低い住宅地を支援の
対象にすることは難しいと思います．

このように，行政が積極的に再生を後押しするかどうかという視点に立てば，
安全性，立地条件，規模，インフラ水準，ビルドアップ率が判断材料になって
くるかと考えています．

ただし，繰り返しになりますが，地域住民の主体的な取り組みがベースとな
ります．地域住民の暮らしをよくしたいという熱意がなければ，再生は始まり
ませんし，また，行政も支援することは難しいと思います．

○司会（鈴木）

大変分かりやすいご説明をありがとうございました．行政がどう対応するか
と，住民が自分たちでやるというのは，分けて考える必要がありますね．

室田先生にご紹介いただいた千葉県の季美の森の住宅団地は，最寄り駅から
5kmぐらい離れているということで，交通が比較的不便なところかと思うん
ですが，住民の方は非常にやる気があるというか，積極的な感じがします．や
はり季美の森の方は交通面では結構不便を感じられているのでしょうか．

○室田

もちろんです．モチベーションで一番大きいのは，利便性の低さだと思いま

す．駅から離れており，バス便は非常に少なく，店が撤退すると買い物難民に
なるという危機意識をみんなで共有していることが大きなモチベーションで
す．

　一方で，先ほどの集約化やコンパクト化についてですが，遠郊外にはスプロー
ル住宅地も多く，住宅団地は周辺よりもインフラが整い環境が良好な場合が多
いです．居住地の選択において利便性の高さはもちろん重要ですが，住環境の
良さや安全性などで住みやすいと評価されますと，周辺地域の住民からも住み
替えの要望がでてきます．そうしますと，住宅団地に次第に住民が集まってき
て集約化が進むことになります．自然に集約化・コンパクト化が進展するよう
な状況を生むための活動や政策，事業は重要だと思います．

○司会（鈴木）

　住民の方にとっては，逆に，不利なところがモチベーションになっているとい
う印象を受けました．

　石川先生，そのあたりでいかがですか．菱野団地は比較的，不便というほど
ではないと思うんですが，それでも，最寄り駅まで2 kmぐらいあるんですか
ね．徒歩圏と言うには少し遠いかなと思うんですが，いかがですか．

○石川

　菱野団地も，170 haぐらいあって割と広いので，駅まで近いところだと，最
短だと直線距離で700 mぐらいですが，遠いと，3，4 kmというところがある
ので，同じ団地の中でも交通利便性の悪いところは人口が大きく減っていたり
ということがあります．

　そういう意味で，住民の方々が，まずは菱野団地内の行き来をよくしようと
いうことで住民バスをやっておられます．高齢の方も，駅から遠い方も，何と
か医療施設とか買い物に行けるようになったので，その地区内のバス交通を立
ち上げたのは非常に大きい話だと思います．あとは，駅までどうやって行くか
というところですが，例えば高校生とか通勤するような方にとって時間的負担

の軽減が課題になると思います.

○司会（鈴木）

　内田さんのところの日の里は，JRが通っているんでしたよね．駅があるということで，交通面では非常に便利なところと思ってよろしいですか.

○内田

　そうですね．日の里団地にJR東郷駅が接しておりますので，他の所に比べると利便性はいいのかなと思います.

○司会（鈴木）

　利便性がよくて,住宅の一戸当たりの敷地もすごく広いということですよね.

○内田

　そうですね．整地100坪から120坪あります.

○司会（鈴木）

　なので，非常にうらやましいところだなとお見受けしました.

　最後に先生方から一言ずつ頂きたいと思います．今後の住宅団地の課題ですとか，他の場所でいろいろ取り組まれる際のアドバイスみたいなことでも，何でも結構ですので，一言ずつ頂ければと思います.

○長谷川

　本日はどうもありがとうございました．3名の先生方のお話を伺い，大変勉強になりました.

　郊外住宅地の置かれている状況を考えると，室田先生からもキーワードとして示されましたが，小さなまちづくり活動をうまく連鎖的にやっていく，身近な取組みを積み重ねて徐々に取組みを拡大していくといった，タクティカル・

アーバニズム的な発想を取り入れていくことが1つのポイントと考えています.

　もう1つのポイントは，いかにして生活の価値を高めていくかということです．郊外だからこそ実現できる生活の質があると思います．空間のゆとりや緑の多さなど，住宅地の価値を再発見し，さらにそこに時代のニーズに合った新たな価値を付け加えていきながら，生活の価値を高めていくことが重要かと思います.

　郊外住宅団地には様々なまちづくりの展開の芽があって，郊外住宅地だからこそできるまちづくりがあると思っています．再生というと暗いイメージを連想しがちですが，明るい未来を描きながら取り組んでいくことが重要であると再認識しました.

○石川

　長谷川先生が冒頭に整理されましたいろいろなタイプの団地がある中で，私は，集合住宅と戸建て住宅の2つのタイプが共存する団地についてお話させていただきました.

　長谷川先生が整理されたように，団地のタイプによって再生の形は違うと思うんですね．私が紹介したタイプの住宅団地ですと，分譲住宅で戸建ての地区と，公営住宅法で建てられている．県営住宅など集合住宅の地域とある種の目的を持った住宅地であるので，その違いというギャップが，全体の地区としてどういう関係性を持つのかを注目しないといけないと思うんですね．そこをうまくやらないと，戸建住宅はまあまあ，公営住宅はより課題があるとか，地区の中の分断みたいな話になっていくので，全体として考える必要があると思います.

　また，公営住宅法の関係の中でいろいろ制限があると思うんですが，日本全国が人口減少を避けられない中で，例えば人口規模に応じた減築とか民間活力の導入．PFIとかもそうですけれども，いろいろなものを駆使しながら，面的にどういう適正配置をするかという全体像，将来像をしっかり描いて，団地全

体として将来どういった形で次世代につないでいくかという未来像を持つ必要
があると思いました．

○室田

郊外住宅地は，人口減少や高齢化の問題，空き家や管理不全問題，利便性の
低下などの多様な問題を抱えており，そのなかで積極的な活動をされている住
民や団体も多いのですが，それがノウハウとして十分に集約されていないと思
います．様々な関係者や地域のノウハウを，課題やテーマ別の内容や，自治体・
住民・NPO・大学・企業などの関係者の関与や体制づくり，活動の経緯やプ
ロセス，資金確保など，わかりやすい観点で多様なレベルで集約し検索しやす
く活用できることが必要と思います．データベースを構築し情報を集約するこ
とによって，異分野や異なる組織で情報共有のベースとなり，色々な発想が出
て新しい解決策につながったり，新たな担い手の参加を促す1つの基盤になる
と思います．

また，住宅団地は均質な街が多いですが，均質性というのは，現在のライフ
スタイルからすると少し難しい点があると思います．どうやって多様性を生み
出すか，多様なライフスタイルが実現できるかが課題です．住まいの多様性や
用途の多様性を適切に確保し，住民が自分の生活にあった楽しみ方ができるよ
うな場にすることが重要と思います．

さらに，テレワークの普及は1つの重要なきっかけであり，そのきっかけを
うまく活用していく必要があると思います．テレワークのしやすい地域という
観点から，郊外住宅地の空間や機能を見直していくと新たな発展につながると
思い，大変期待をしています．

○内田

今日はどうもありがとうございました．私が思うに，今まで，人口が増加し
て家屋が足りないという状況で，日本全国で均質的な住宅が開発されてきたと
ころが現状だと思います．今後は，人口減少と高齢化というのは避けて通れな

いところだと思いますので，個々の団地について，その特性に合った個性ある
まちを作るべきではないかなと考えております．

　長谷川先生も申されましたが，その地区の価値を向上していかないといけな
いと私も考えております．

　その中で，やはり住民主体のまちづくりが今後必要になってくるのではない
かと考えております．住民主体，なかなか出てこないのですけれども，地区の
中で代表的なプレーヤーを今後発掘していくことが重要な課題だと思いまし
た．

　もう1つが，やはりコミュニティです．いわゆる核家族化が進んで，隣同士
のコミュニティが薄くなっているところがありますので，地区全体のコミュニ
ティの活性化が今後の課題になるのかなと思います．

　さらに，まちづくりと公共交通を一緒に考えていかないといけない．まちづ
くりはまちづくり，交通は交通で考えていくと，なかなかうまくいかないので
はないかと考えます．

　今日の発表事例も参考にして，今後さらなる団地再生を進めていきたいと思
います．

○司会（鈴木）

　本日のご講演，ディスカッションを通じまして，共通したいろいろなお話が
あったと思います．その中で特に印象的だったのが，住宅団地というのは，昭
和の時代に，どちらかというとトップダウンでずっと造られてきたものが，今，
40年～50年たってきて，再生のキーワードになっているのは，ボトムアップ，
住民主体，小さな取組み，多様性，こういったことかなと思います．個々で，
それぞれの地域でいろいろな工夫をして，個性的な取組みが住宅団地の再生に
つながるのではないかなと，今日1日を通して思いました．

　多くの意義深いお話をしていただきました先生方に感謝しております．あり
がとうございました．

第8章
島根県立隠岐島前高校の再生の取組み

中嶋　清実
（社会基盤技術評価支援機構・中部）

河野　伊知郎
（国立豊田工業高等専門学校）

今泉　三郎
（愛知県立田口高等学校）

鈴木　敏夫
（愛知県立田口高等学校）

菰田　康浩
（東海興業株式会社）

小松　重成
（国土交通省設楽ダム工事事務所）

8.1　よみがえった島根県立隠岐島前高校

　よみがえった島根県立隠岐島前高校を視察した時の内容を報告します．新聞やテレビ（NHKで放送された逆転人生）等のマスコミで取り上げられ，話題になった高校です．

8.2　島の存亡の危機

　日本海に浮かぶ隠岐諸島は島前と島後に分かれ，島前地域は，西ノ島町（西ノ島），海士町（中ノ島），知夫村（知夫里島）の三島から構成されています．
　図8.1に隠岐島前三町村を示します．写真8.1は隠岐島前高校の写真です．

図8.1　隠岐島前三町村[1]

写真8.1　隠岐島前高校

隠岐島前高校は，島前3町村で唯一の高校であり，海士町にあります．海士町のある中ノ島は面積33.43km²，周囲89.1kmの1島1町の島です．

8.3　海士町の人口構成

　昭和25年頃は約7,000人近くいた海士町の人口も平成27年10月の国勢調査では図8.2の通り2,353人に減少し，世帯数は1,054戸となっています．高校卒業後はほとんどが島外へ流出し，20〜30歳代の活力人口が低く，生まれる子供も年

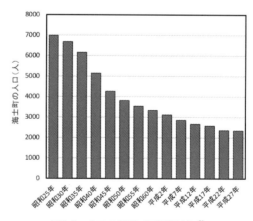

図8.2　人口の推移（国勢調査）[2]

に10人前後となっています．現在の高齢化率は40.9％で出生率は1.82％です．

　海士町の人口構成を**図8.3**に示します．この図に示した通り，60歳以上のボリュームの多さに比べ，20代から30代が突出して少なくなっています．この原因は高校卒業後に進学や就職で島外に出た若者がほとんど帰ってこないからです．シミュレーションの結果，現在80人いる島前内の中学校の卒業生が10年後には28人にまで減ることも分かりました．これでは，島前高校は成り立ちません．島前高校が廃校になれば，中学卒業と同時に子供達が島から出て行くことになり，15歳から18歳の若者は島からほとんどがいなくなります．島前高校が無くなるということは，島の未来に直結する致命的な問題です．学校が地域に果たしている役割の大きさが改めて浮き彫りとなりました．図8.3は平成27年度の国勢調査で最近のものですが，10年前の平成17年では若者と他の年齢層の差がもっと顕著に表れていました．

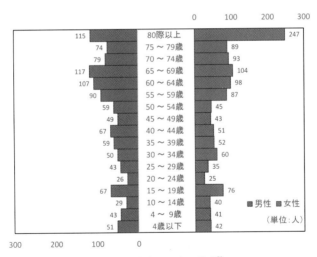

図8.3　海士町の人口構成[2)]

8.4　隠岐島前高校魅力化プロジェクトの実施

　隠岐島前高校は少子化の影響を受け，平成9年から平成20年の約10年間で入学者数77人から28人に激減し，全学年2クラスだったものが1クラスになり，統廃合の危機が迫っていました．島内の子供や保護者，住民の不安の声を受け島前3町村と隠岐島前高校が連携し，平成20年に改革の構想を立ち上げました．その結果として平成22年4月に全国からも意欲ある生徒の募集を行い，寮費，食事の補助などの「島留学」制度を新設しました．活力ある生徒が集まることで，小規模校の課題である固定化された人間関係と価値観を打破し，刺激と切磋琢磨を生み出すことを目指しました．

　また，写真8.2に示す学校連携型の公営塾「隠岐國学習センター」を平成22年4月に創設しました．この公営塾は高校との連携により学習意欲を高め，学力に加え社会人基礎力も鍛える独自のプログラムが展開されていて，地域格差や経済格差が生み出す教育格差を打破し，生徒1人1人の夢の実現を目指しています．

　財源は町長はじめ町職員の給与カット分が充てられました．

　なお，このような改革には高校，町，学習センターの密な連携が必要となりますが，この役を担うのがコーディネーターです．コーディネーターは町で雇われ，身分は島根県から委嘱された志の高い全国から集まった人たちです．

写真8.2　隠岐國学習センター

こうした取組みにより，平成22年度の卒業生は約３割が国公立大学に合格しています．入学者数も平成20年度は27名でありましたが，平成24年度からは２学級となり，関東や関西からの志願者も59名と倍増して島外から入学枠24名に対し23名が入学しました．平成28年度も65名中，島外から28名が入学しています．

また，教員も離島振興法（５名）と学級増（４名）で平成25年度より一気に９名増員となりました．

8.5 隠岐島前高校の生徒総数の推移

図8.4に隠岐島前高校の生徒数の推移を示します．この図より平成20年を境にＶ字回復していることが分かります．平成20年は地元中学生の55％が島外の高校へ進学，全学年１学級になった年です．平成21年は住民有志を中心とした島前高校魅力化推進協議会が発足した年です．また，平成29年に184名とピークとなっており，それ以降は徐々に下がっているのは少子化の影響で地元中学生の人数が減り続けているためです．以上，隠岐島前高校の視察の内容を紹介いたしました．

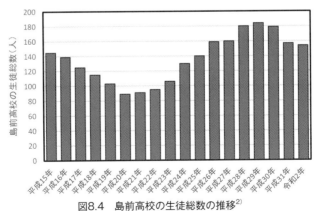

図8.4　島前高校の生徒総数の推移[2]

【参考文献】

1）未来を変えた島の学校，山内道雄，岩本悠，田中輝美，岩波書店，2016年2月
2）ないものはない〜離島からの挑戦，〜最後尾から最先端へ〜，隠岐國<ruby>隠岐國<rt>おきのくに</rt></ruby>・<ruby>海士町<rt>あまちょう</rt></ruby>，令和2年10月1日

第9章
奥三河山間地域の町起こしと高校の再生

中嶋　清実
（社会基盤技術評価支援機構・中部）

河野　伊知郎
（国立豊田工業高等専門学校）

今泉　三郎
（愛知県立田口高等学校）

鈴木　敏夫
（愛知県立田口高等学校）

菰田　康浩
（東海興業株式会社）

小松　重成
（国土交通省設楽ダム工事事務所）

9.1　はじめに

　近年，愛知県奥三河地方の北設楽郡（設楽町，東栄町，豊根村）では人口減少が著しく，その地区にある唯一の高校（愛知県立田口高等学校）では入学者が激減し，存続が危ぶまれています．高校が無くなるということは，町の衰退につながるので，高校の再生は急務なことです．高校の存続と町の持続可能性は表裏一体の関係にあります．

　8章では島根県の存亡の危機にあった高校（島根県立隠岐島前高等学校）の活動事例を紹介しました．その成功例が奥三河山間地域の高校にそのまま当てはまるとは言えませんが，参考になると思われますので紹介します．

9.2 　背景

9.2.1　北設楽郡の人口の推移

　北設楽郡（設楽町，東栄町，豊根村）は愛知県の北東部に位置し，面積は553.27km^2（県全体の10.7%），人口8,404人（令和2年10月1日現在：県人口の0.1%）で都市部から大きく離れた典型的な過疎地域です．

　人口減少や少子高齢化が顕著に進み，高齢化率（65歳以上比率）については，**表9.1**に示す通り，令和2年度において，愛知県平均が25%台であるのに比べ，51%と約2倍の値となっています．また，令和2年度における年間の愛知県下の人口減少率では，南知多町が最も大きく（3.43%），次に3町村のうちの東栄

表9.1　愛知県北設楽郡の人口の推移[1]

		平成17年	平成22年	平成25年	平成27年	令和2年
3町村合計	人口	12,170人	10,862人	9,991人	9,665人	8,404人
	65歳以上比率	42.8%	45.2%	47.0%	48.5%	51.7%
愛知県	人口	7,254,704人	7,410,719人	7,434,996人	7,483,128人	7,546,192人
	65歳以上比率	17.2%	20.1%	22.2%	23.8%	25.2%
全国	人口	127,768千人	128,057千人	127,298千人	127,095千人	126,227千人
	65歳以上比率	20.1%	22.8%	24.7%	26.6%	28.7%

平成17年，平成22年…国勢調査
平成25年，平成27年，令和2年…人口推計（総務省統計局），愛知県人口動向調査

町（3.07%），豊根村3.01%）の順です．今後についても，人口減少がさらに進むものと推察されます．

　図9.1の三町村合計は人口及び65歳以上の比率の推移を示したもので，愛知県の場合よりも高齢化率が高く，年ごとの高齢化の割合が高くなっています．

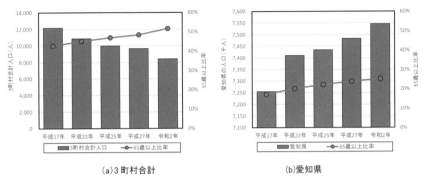

(a)3町村合計　　　　　　　　(b)愛知県

図9.1　人口及び65歳以上比率の推移（国勢調査）[1]

9.2.2　田口高校の沿革

　県立田口高等学校は地元の強い要望のもと，昭和16年に田口農林学校として創立されました．**写真9.1**は田口高校の写真です．現在は普通科，林業科の2学科を持つ北設楽郡唯一の県立高校です．かつて田口高校は，上津具村分校（昭和40年廃校）と稲武町分校（平成20年廃校）を併設していました．

写真9.1　田口高校

9.2.3　田口高校の現状

　令和3年5月現在の生徒数を**表9.2**に示します．各クラスの定員は40名ですので，全てのクラスで定員を満たしていません．充足率は1年生が33%，2年生が26%，3年生が28%です．

表9.2　田口高校の生徒数（令和３年５月現在）[3]

組	普通科1年	林業科1年	普通科2年	林業科2年	普通科3年	林業科3年	総計
男性	8	14	5	10	6	9	52
女性	3	1	3	3	4	3	17
計	11	15	8	13	10	12	69

表9.3　最近５年間における各科別・郡内別入学者数[3]

入学年度		平成29年	平成30年	平成31年	令和2年	令和3年
普通科	郡内	19	12	11	6	8
	郡外	4	1	0	2	3
	計	23	13	11	8	11
林業科	郡内	19	11	5	8	9
	郡外	12	7	8	8	6
	計	31	18	13	16	15

表9.3に過去５ヶ年における各科別，郡内別入学者数を示します．これより，過去５ヶ年では郡内中学校卒業生の田口高校への入学者は普通科が84.8%，林業科が55.9%で普通科の方が郡内中学生の入学率が高くなっています．普通科と林業科を合わせた平均では70.4%です．

表9.4　令和３年度　北設楽群内の小中学校生徒数[4]

市区町村	小学校名	学級数	児童数							中学校名	学級数	生徒数			
			1年	2年	3年	4年	5年	6年	計			1年	2年	3年	計
北設楽郡設楽町	田口	6	5	13	11	8	14	13	64	設楽	3	21	22	15	58
	清嶺	3	1	3	4	5	2	4	19						
	田峰	3	1	1	1	2	3	1	9						
	名倉	6	4	2	10	4	10	7	37						
	津具	4	3	6	4	2	5	6	26	津具	2	3	4	7	14
小計		22	14	25	30	21	34	31	155	小計	5	24	26	22	72
北設楽郡東栄町	東栄	6	8	14	16	21	17	6	110	東栄	3	17	22	18	57
小計		6	8	14	16	21	17	6	110	小計	3	17	22	18	57
北設楽郡豊根村	豊根	6	2	5	4	4	2	10	27	豊根	3	6	6	8	20
小計		6	2	5	4	4	2	10	27	小計	3	6	6	8	20
郡内合計		34	27	49	49	51	57	56	289	郡内合計	11	47	54	48	149

9.2.4 今後の見通し

表9.4に令和3年度における北設楽郡内の小中学校の生徒数を示します．小学校1年～6年生，中学校1年～3年生の生徒数の平均は49人であり，徐々にではあるが年々減少傾向にあります．

ここで，北設楽郡（2町1村）から田口高校への進学率を示しますと**図9.2**のようになります．平成28年度までは北設楽郡4中学校からの進学率はほぼ5割ですが平成29年度から3割台に減少し，平成31年度から3割を割り込み2割台の進学率となっています．仮に直近の令和3年度の27%で予測しますと，**表9.5**のようになります．この表の通り，残りの数を郡外及び県外から補充し，さらに郡内の入学率も上げる必要があります．いずれにしても，人口減少が進み，郡内の出生率が下がる傾向にありますので，現在よりも厳しくなることが予想されます．

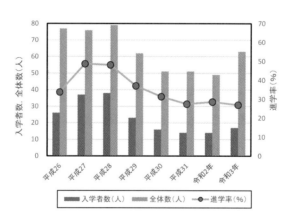

図9.2　北設楽郡（2町1村）から田口高校への入学者数，進学率

表9.5　郡内からの今後の田口高校への入学者数の予測

年度	令和4年	令和5年	令和6年	令和7年	令和8年	令和9年	令和10年	令和12年	令和13年
入学者数（人）	13	15	13	15	15	14	13	13	9

9.2.5　高校生の進学先，Ｕターン先意向調査[2)]

　設楽町では，平成27年11月に田口高校の進路希望調査を実施しました．普通科，林業科に通う高校1年生から３年生の生徒136名に対し，進学，就職についての意向調査を行いました．回答者の出身地は設楽町59人（43%），東栄町および豊根村33人（24%），東三河内24人（18%），愛知県内16人（12%）です．136名の内，進学と回答したものは87人（64%）でした．

　そして，進学終了後に就職する際の希望地については，およそ半数の回答者が設楽町で暮らすことの意義を感じていない結果となりました．その理由として，設楽町に魅力を感じないから（32人：31%），設楽町に執着がないから（14人：13%），設楽町に住む特別な理由がない（14人：13%）です．人口減少の原因の１つに子育て世代の人口流出が挙げられますが，大学進学等で町外に出て行った20代，30代の若者が就職を機に設楽町に戻ってくる（Ｕターン）ためには，こうした10代の若者が魅力を感じるまちづくりが必要です．

9.3　展望と対策

　これまで，北設楽郡の厳しい現状と，かつては存続の危機にあった隠岐島前高校の成功例を８章で述べてきました．地域も環境も異なる田口高校にそのまま当てはまるとは言えませんが，参考になると思われますので田口高校の対策を述べます．

　第１は，公設の学習センターの創設とコーディネーターの活用です．隠岐島前高校では公設の学習センターがあり，町が雇ったコーディネーターがいます．コーディネーターの身分は島根県から委嘱され，町，高校，学習センターのパイプ役となり，生徒１人１人の夢の実現を目指しています．これは財源が伴うものですから，町の議会で認められる必要があります．

　第２は，きめ細やかな補習授業の実施と，ＰＲ活動による郡内の入学率の向上です．田口高校の平成27年度，平成28年度の卒業生の進学，就職先は大変良好でした．これは校長のリーダーシップのもと，先生方のきめ細かい補習授業

の成果です．今後もきめ細かな補習授業を続け，その成果を逐一地元中学生に発信していくことが必要と考えられます．このような活動を継続して実施していくことにより，地元中学生の入学率を向上させます．

第3は，奥三山間地域の応援体制の確立です．田口高校は70年前，地元の熱い要請のもとに設立されました．高校が無くなれば移住者が減少し，町が衰退します．そこで，地元住民は田口高校存続の声を県内に発信し，また，隠岐島前高校の「島親制度」のように地元住民が田口高校に対し，協力できることは何でもするという気概のもとに応援体制をつくる必要があります．

9.4 田口高校の検討会の提言

このような現状を踏まえて令和元年度に田口高校では検討会が発足し，以下の提言がなされました．

第1は，地域とともにある学校づくりを目指す「コミュニティスクールの推進」（短期目標）です．
「保護者や地域住民の学校運営への参画，組織的・継続的な体制構築に向けた検討，目標やビジョンを地域で共有し，小学校から高校の教師が連携した教育活動，地域との協働を目指す，国の応募事業などへの参加の検討」

第2は，地元での体験を重視した「インターンシップの充実」（中期目標）です．
「地元産業の発展に貢献できるインターンシップの検討，地元の公官庁や企業に学び，就職につながるインターンシップ事業者の拡充，将来の地元定住の促進につながるインターンシップ内容の検討」

第3は，県内・県外から入学者を募る「地域留学制度の導入」（中期目標）です．
「休日も寮に泊まれる仕組みづくり，学校によらない寮の運営などの検討，近隣民家でのホームステイ事業の立ち上げ，不慣れな土地での入学者への自立支

援」

　第4は，田口高校独自の魅力的な「教育課程の編成」（中期目標）です．
「1日7時間授業など普通科の進学機能の充実，単位取得等に向けた授業時数
の弾力化，普通科における専門学科．これは林業科の特性を生かしたカリキュ
ラムの開発，学習内容を地域にも還元できる協働講座づくりの検討，先端林業
の学習及び先端林業等の資格取得につながる教育課程の検討」

　第5は，ICT機器の活用と「遠隔教育の導入」（短期目標）です．
「遠隔授業を可能とするICT環境整備，他校の専門学科の授業と田口高校で受
けられる遠隔授業の導入，国内外の連携校との交流を目的とした遠隔交流授業
の推進，タブレット等を活用したオンライン英語講座の導入」

　第6は，高校生の手による地域振興を目指す「学生起業支援」（短期目標）
です．
「起業に向け高校生自らが計画，準備，運営できるための，学校，町村の支援，
起業力を身につける講座の開設，起業体験プログラムへの参加，または学校行
事としての開催」

　第7は，生徒の声をまちづくりに活かす「高校生議会の開催」（短期，中期
目標）です．
「高校生の考え，思いが届く制度づくり，設楽ダムを活かした今後のまちづく
り活動への参画，高校生の考えによるまちづくりに向けた学校，町村の支援」

　以上を田口高校の校長に提言し，新学習指導要領完全実施に向けた教育課程
改善に活かしていくことになりました．

　現在，実施されているものは，第1の学校運営協議会の設置（コミュニティ
スクール）で，令和3年度からは，地域とのさらなる連携を推進するために田
口高等学校に学校運営協議会を設置し，県立高校としては愛知県で初めてとな
るコミュニティスクールとなりました．コミュニティスクールとは，保護者や
地域住民の方々の意見を学校運営に反映させ，地域とともにある学校づくりを
実現するための仕組みであり，地域でどのような子供たちを育てるのか，地域

における田口高校のあり方という共通のビジョンを共有し，さらなる魅力化に活かしていこうとするものであります．

【参考文献】

1）国勢調査，人口推計（総務省統計局）愛知県人口動向調査
2）愛知県人口初の減少　中日新聞夕刊　令和 2 年11月13日
3）高等学校教育課高校改革資料　愛知県立田口高等学校（148）地区における現状や課題
4）田口高校の現状と課題　東三河教育事務所新城設楽支所　設楽教育指導室

著者略歴

鈴木　温（すずき　あつし）（序章）
（名城大学　理工学部　教授，一般社団法人　社会基盤技術評価支援機構・中部　理事）

【略歴】

1997 年　東北大学工学部土木工学科卒業

2002 年　東北大学大学院工学研究科土木工学専攻博士課程後期修了，博士（工学）

2002 年　国土交通省国土技術政策総合研究所　研究官

2005 年　財団法人計量計画研究所　研究員

2007 年　名城大学理工学部建設システム工学科　助教

2009 年　名城大学理工学部建設システム工学科　准教授

2012 年　カルガリー大学（カナダ）　在外研究員（1 年間）

2017 年　名城大学理工学部社会基盤デザイン工学科　教授，現在に至る

【専門分野】

土木計画学，都市計画，建設マネジメント

【主な社会活動】

国立研究開発法人建築研究所　客員研究員（2017年〜現在）

Board of Directors of CUPUM（Computers in Urban Planning and Urban Management）（2018年〜現在）

静岡県道路技術審議会　会長（2023年〜現在）

犬山市都市計画審議会　会長（2023年〜現在）　他

木村　俊昭（きむら　としあき）（第1章）

北海道生まれ.

慶應義塾大学大学院博士課程単位取得.

1984年小樽市, 2006年内閣官房・内閣府, 09年農林水産省等にて, 地域創生, 担い手養成, 地域と大学との連携, 6次産業化等を担当.

現在, 東京農業大学教授　東京農業大学教授を経て, 現在は, 北海道文教大学特別学長補佐兼教授, 東京大学大学院非常勤講師・博士（経営学）, 日本地域創生学会会長・地域創生実践総合研究所所長, 実践総合農学会理事等として, 大学・大学院講義の他, 国内外で「地域創生・SDGs」. 人材養成等の講演や現地アドバイスを実施中. NHK番組プロフェッショナル「仕事の流儀 木村俊昭の仕事」他出演.

単著「『できない』を『できる!』に変える」（実務教育出版）,「地域創生の本質―イノベーションの軌跡―」（ぱるす出版）など多数.「地域創生の真実―『五感六育®』の全体最適な『立体的ストーリー政策』の創発―」（農の蔵文庫）をテキストに講義, 講演や現地アドバイスを展開中

金丸　弘美（かなまる　ひろみ）（第2章）

総務省地域力創造アドバイザー・内閣官房地域活性化伝道師

農林水産省地産地消コーディネーター

高知県観光特使・一般財団法人地域活性化センター シニアフェロー

食の至宝　雪国やまがた伝統野菜PR大使（山形県）

「かがわの食」Happyプロジェクト実行委員会委員（香川県）

特定非営利活動法人発酵文化推進機構　特任研究員・発酵ソムリエ

日本ペンクラブ会員・ライターズネットワーク相談役

エネルギーから経済を考える経営者ネットワーク会議 アドバイザー

著書:「田舎力　ヒト・夢・カネが集まる5つの法則」）（NHK出版）

「創造的な食育ワークショップ」（岩波書店）

「幸福な田舎のつくり方」（学芸出版）他多数

長谷川　洋（はせがわ　ひろし）（第3章）

国土交通省国土技術政策総合研究所　建築研究部長．博士（工学）．

国土交通省の住宅政策の企画・立案や制度の運用・改善等に係る研究や被災時の住宅復興の支援等に従事．専門は，住宅・居住政策，住宅計画，マンション・団地再生．

福井大学大学院工学研究科建設工学専攻修了後，福井大学工学部助手，建設省建築研究所研究員，国土交通省国土技術政策総合研究所住環境計画研究室長，同住宅性能研究官，同住宅研究部長等を経て，平成3年より現職．

主な著書は，「マンション建替えマニュアル（ぎょうせい・共著）」，「マンション建替え実務マニュアル（ぎょうせい・共著）」，「不動産政策研究　各論Ⅲ　不動産再生政策（東洋経済新報社・不動産再生研究会編）」など多数．

都市住宅学会賞，日本マンション学会論文賞，国土交通大臣業績表彰等を受賞．

石川　良文（いしかわ　よしふみ）（第4章）

南山大学総合政策学部　教授　博士（工学）兼　名古屋大学未来社会創造機構
　　客員教授

岐阜大学卒業後，㈱東海総合研究所（現：三菱UFJリサーチ＆コンサルティング）副主任研究員，

富士常葉大学（現:常葉大学）講師，南山大学総合政策学部准教授を経て現職．
VU University Amsterdam　客員研究員（2010年～2011年）

内閣府「経済財政一体改革推進委員会特別委員（評価・分析WG，国と地方のシステムWG委員）の他，国土交通省，愛知県，名古屋市，瀬戸市など国・地方自治体の都市政策関連の各種委員を歴任．専門は都市政策，都市・地域経済学，政策評価

＜主要著書＞

『コロナの影響と政策－社会・経済・環境の観点から－』（編著）創成社

『地域公共交通政策の新展開』（共著）勁草書房

『大震災からの復興と地域再生のモデル分析』（共著）文眞堂

『環境政策統合－日欧政策決定過程の改革と交通部門の実践－』（共著）ミネル
ヴァ書房
『環境情報科学』（共著）共立出版
『A Broad View of Regional Science: Essay in Honor of Peter Nijkamp』（共著）
Springer
『Spatial Economic Modeling of Megathrust Earthquake in Japan』（ 共 著 ）
Springer
『Low-carbon, Sustainable Future in East Asia』（共著）Routledge
など

室田　昌子（むろた　まさこ）（第5章）
東京都市大学　名誉教授，横浜市立大学客員教授
東京工業大学社会理工学研究科博士課程修了．博士（工学）．専門は都市計画，
居住環境再生計画，郊外住宅地のまちづくり，コミュニティマネジメント．
三菱総合研究所，運輸政策研究機構から，武蔵工業大学講師，東京都市大学准
教授を経て，2013年より東京都市大学環境学部環境創生学科教授．2023年より
東京都市大学名誉教授．
主な著書は，「ドイツの地域再生戦略-コミュニティマネジメント（学芸出版社・
単著）」，「生活の視点でとく都市計画（彰国社・共著）」，「世界の空き家対策（学
芸出版社・共著）」，「コミュニティの人材確保と育成（日本都市センター・共著）」，
「ドイツの空き家問題と都市・住宅政策（日本都市センター）」，「SDGsと環境
教育（学文社・共著）」など．
日本不動産学会湯浅賞，日本不動産学会論説賞，都市住宅学会学会賞論文賞，
都市住宅学会論説賞等を受賞．

内田　忠治（うちだ　ただはる）（第6章）
福岡県宗像市都市再生部都市再生課長．宗像市生まれ．1996年宗像市（土木技
師）入庁．水道課，道路建設課を経て，2003年赤間駅周辺整備室で土地区画整

理事業に従事．2007年建築課，2008年都市計画課で区域区分の変更などの都市計画や開発指導を経験．2013年「団地再生プロジェクトチーム」を発足し，都市再生基本方針を策定．2018年団地再生を推進する専門部署である都市再生課を設置．2019年福岡県宗像市日の里団地共同企業体と連携協定を締結し，ハイブリッド型住宅団地の再生事業が本格スタート．現在は，エリアマネジメントの構築支援，AI活用型オンデマンドバスの実証運行など様々な取組みを実施．2022年4月に日の里地区の団地再生が評価され，日本都市計画学会九州支部で「九州まちづくり賞」を受賞．

中嶋　清実（なかしま　きよみ）（第8・9章）

一般社団法人 社会基盤技術評価支援機構・中部　理事

2016年，機構内に地方創生問題調査委員会を立ち上げ，委員長に就任

名城大学第1理工学部建設工学科卒業（1971年）

工学博士（東京大学），専門はコンクリート工学，コンクリート構造学

国立豊田工業高等専門学校土木工学科助教授を経て1995年より豊田工業高等専門学校環境都市工学教授，米国カリフォルニア大学バークレー校客員研究員（1989年～1990年）

国立豊田工業高等専門学校副校長併任（教務，学生，専攻科担当，1993年～2007年）

2012年国立豊田工業高等専門学校　名誉教授

著書に鉄筋コンクリートの基礎理論（現代工学社，共著）

建設材料（コロナ社，共著）

コンクリート構造学（コロナ社，共著）

土木材料実験法（鹿島出版会，共著）

建設材料実験（鹿島出版会，共著）

2010年独立行政法人国立高等専門学校機構の教員顕彰の審査において優秀賞を受賞，他

地域再生最前線 —食・農・団地再生・教育から進める地域の創り直し—

2024年5月27日　　初版第1刷発行

著　　者　（一般社団法人）
　　　　　社会基盤技術評価
　　　　　支援機構・中部編

発 行 者　柴 山　斐呂子

発行所　理工図書株式会社

〒102-0082　東京都千代田区一番町 27-2
電話 03（3230）0221（代表）
FAX 03（3262）8247
振替口座　00180-3-36087 番
http://www.rikohtosho.co.jp
お問合せ info@rikohtosho.co.jp

© 社会基盤技術評価支援機構・中部
2024　Printed in Japan　ISBN978-4-8446-0953-7
印刷・製本　丸井工文社

MEMO

MEMO

MEMO